高等职业院校劳动教育教材

U0863003

INTRODUCTION TO LABOR ATTAINMENT

劳动素养概论

主编 / 刘素军

人民交通出版社股份有限公司
北 京

内 容 提 要

本书根据中共中央、国务院印发的《关于全面加强新时代大中小学劳动教育的意见》和教育部印发的《大中小学劳动教育指导纲要(试行)》编写而成。全书共八讲,分别为劳动的内涵与外延、劳模精神的社会学意义、劳动的精神追求、工匠精神的社会学意义、劳动组织的形式与功能及劳动工资的形成、劳动安全的内涵与管理、劳动法规的内涵及劳动者权益的维护、未来劳动的主要形式及新型劳动关系。

本书立足于高等职业院校的大学生,旨在讲授劳动知识,培养深厚的劳动情怀,树立正确的劳动价值观,懂得空谈误国、实干兴邦的深刻道理。本书既可作为高等职业院校、中等职业院校劳动教育必修课程的教材,也可作为相关企业员工培训的学习读物。

图书在版编目(CIP)数据

劳动素养概论/刘素军主编. —北京:人民交通出版社股份有限公司,2023.9

ISBN 978-7-114-18896-1

Ⅰ.①劳… Ⅱ.①刘… Ⅲ.①劳动教育—高等职业教育—教材 Ⅳ.①G40-015

中国国家版本馆 CIP 数据核字(2023)第 134033 号

高等职业院校劳动教育教材

Laodong Suyang Gailun

书　　名: 劳动素养概论

著 作 者: 刘素军

责任编辑: 王　丹

责任校对: 赵媛媛

责任印制: 张　凯

出版发行: 人民交通出版社股份有限公司

地　　址: (100011)北京市朝阳区安定门外外馆斜街 3 号

网　　址: http://www.ccpcl.com.cn

销售电话: (010)59757973

总 经 销: 人民交通出版社股份有限公司发行部

经　　销: 各地新华书店

印　　刷: 北京市密东印刷有限公司

开　　本: 787×1092　1/16

印　　张: 5.5

字　　数: 128 千

版　　次: 2023 年 9 月　第 1 版

印　　次: 2023 年 9 月　第 1 次印刷

书　　号: ISBN 978-7-114-18896-1

定　　价: 59.80 元

(有印刷、装订质量问题的图书,由本公司负责调换)

要努力构建德智体美劳全面培养的教育体系,形成更高水平的人才培养体系。

——习近平总书记在2018年全国教育大会上的讲话①

① 新华社. 习近平出席全国教育大会并发表重要讲话[Z/OL]. (2018-09-10)[2023-07-10]. https://www.gov.cn/xinwen/2018-09/10/content_5320835.htm.

编委会

主　任： 刘素军

委　员： 米贵岐　阚道锦　武青国
陈婉菲　李　双　刘　雪
龚承毅　黎　薇　王　丹

前　言

2020 年 3 月,《中共中央　国务院关于全面加强新时代大中小学劳动教育的意见》(简称《意见》)印发,要求“在大中小学设立劳动教育必修课程”“职业院校以实习实训课为主要载体开展劳动教育,其中劳动精神、劳模精神、工匠精神专题教育不少于 16 学时。普通高等学校要明确劳动教育主要依托课程,其中本科阶段不少于 32 学时。”“高等学校也可安排劳动月,集中落实各学年劳动周要求。”随后,教育部《大中小学劳动教育指导纲要(试行)》进一步对《意见》要求进行了具体全面的规范。新修订的《中华人民共和国教育法》更明确规定,教育“必须与生产劳动和社会实践相结合”。至此,劳动教育作为“必修课”,从党和国家的方针政策和法律法规上实现了对大中小学教育的全覆盖。

职业教育作为大中小学教育的一个特殊学段,具有与众不同的鲜明特征。国务院《国家职业教育改革实施方案》指出:“职业教育与普通教育是两种不同教育类型”,目标是“着力培养高素质劳动者和技术技能人才”,“培养大国工匠、能工巧匠”,其教学的突出特点是实践教学、“工学结合”和实习实训。从中可明显看出劳动素养是职业教育的核心环节。脱离这一核心,职业教育的人才培养就成为无本之木、无源之水,教学质量更是无从谈起。

重视、开展、普及劳动教育是新时代中国特色社会主义教育事业的新举措、新任务和新方向,也是一线教育工作者的新使命。为此,我们在总结“职教”特点、汲取民族传统、梳理国外特色、展望学科未来及科学教研论证的基础上,编写了这本《劳动素养概论》,意在提出范例、抛砖引玉,为创新改革高等职业教育中的劳动教育课程尽一份绵薄之力。由于劳动教育是新时代的新课题,当前课程开设还处于探索创建阶段,加之我们水平有限,衷心希望业界专家、学者和教学一线同人对本书不吝赐教,以便于我们再版时修订完善,共同推动我国高等职业教育质量的提高。

编　者

2023 年 4 月

课程思政要点索引

劳动教育	内容	思政教学要点	教学章节
马克思主义劳动观	劳动与人类	劳动创造人类	第一讲
		尊重劳动,尊重劳动者;劳动无贵贱,行行出状元	第三讲
		诚实劳动、创造性劳动	第二讲
	劳动与社会	劳动与社会进步、行业变迁	第八讲
		劳动技能与素养	第四讲
		劳动供求,劳动者收入,就业与失业	第一讲
	劳动与人的自由全面发展	劳动实现人生价值与梦想	第三讲
		职业技能与职业发展	第四讲
		身心健康与劳动安全	第六讲
中国特色社会主义劳动观(习近平总书记关于劳动的重要论述)	劳动价值观	劳动精神	第三讲
		劳模精神	第二讲
		工匠精神	第四讲
	劳动教育观	劳动创造幸福	第三讲
		德智体美劳的教育体系	第二讲
		新业态与新技能	第八讲
	劳动发展观	劳动形态演进	第一讲
		劳动安全与职业健康	第六讲
		劳动法律法规	第七讲
		劳动关系协调	第八讲

目 录

第一讲
劳动的内涵与外延

1

本讲概述

劳动是人类生存、生活的本能，是推动社会进步发展的动力和前提。工作中需要从事各种各样的劳动，这关乎人类的生存发展。劳动是个人幸福的基础，是社会进步的动力。本讲主要讲述劳动概念、劳动种类及劳动的价值和意义，帮助学生认识劳动及其价值与意义，树立正确的劳动观念。

学习目标

1. 了解劳动的内涵。
2. 理解劳动对人类和人类社会的价值和意义。
3. 掌握不同分类标准下的劳动种类。
4. 理解简单劳动与复杂劳动、体力劳动与脑力劳动、重复劳动与创新劳动的区别与分界。

导入案例

好日子都是奋斗出来的①

2021 年 4 月 25 日至 27 日，习近平总书记先后来到桂林、柳州、南宁等地，深入革命纪念馆、农村、企业、民族博物馆等，就贯彻党的十九届五中全会精神、开展党史学习教育、推动“十四五”开好局起好步等进行调研。

25 日，习近平总书记步行察看村容村貌，并到村民王德利家中看望，同一家人围坐在一起聊家常。王德利告诉总书记，他们家种了 12 亩葡萄，农闲时外出务工，去年家庭收入超过 14 万元。习近平总书记听了十分高兴。他指出，经过全党全国各族人民共同努力，在迎来中国共产党成立一百周年的重要时刻，我国脱贫攻坚战取得全面胜利。好日子都是奋斗出来的。希望你们依靠勤劳智慧把日子过得更有甜头、更有奔头。要注重学习科学技术，用知

---

① 人民日报南宁. 习近平在广西考察时强调：解放思想深化改革凝心聚力担当实干 建设新时代中国特色社会主义壮美广西[N]. 人民日报，2021-04-28(1).

识托起乡村振兴。离开村子时,乡亲们高声向总书记问好。习近平向大家挥手致意。他深情地说,让人民生活幸福是"国之大者"。

模块一　劳动的内涵

人民创造历史,劳动成就梦想。劳动精神是劳动者为创造美好幸福生活而在奋斗过程中秉持的基本态度、价值理念及展现出来的风貌。

一　劳动的基本概念

人类与动物的区别在于,动物仅仅利用外部自然界,单纯地以自己的存在来使自然界改变;而人类则通过他所做出的改变来使自然界为自己的目的服务。这便是人类同其他动物的最后的本质的区别,而造成这一区别的正是劳动。

(一)什么是劳动?

劳动是人们既熟悉又陌生的一个名词。说它熟悉,是因为人们每时每刻都离不开劳动;说它陌生,是因为一般人并不能真正懂得劳动的真谛和重要性。懂与不懂,正是先进与落后、成功与失败、高尚与庸俗的区别。从宏观上来说,劳动是人类进化的主要标志。虽然我们已经进入高度发达的现代社会,劳动效率和劳动质量有了指数级飞跃,但劳动仍然是并且永远是人类社会生存和发展的基础。

从哲学的角度来看,劳动是主体、客体和意义的内涵集成体。劳动是人类社会生存和发展的基础,主要是指生产物质资料的过程,通常指能够对外输出劳动量或劳动价值的人类运动。劳动是人维持自我生存和自我发展的唯一手段。按照传统的劳动分类理论,劳动可分为脑力劳动和体力劳动两大类。同时,劳动又是人类运动的一种特殊形式。在商品生产体系中,劳动是劳动力的支出和使用。马克思给我们下了这样的定义:"劳动力的使用就是劳动本身。劳动力的买者消费劳动力,就是让劳动力的卖者为其提供劳动。"

广义地说,劳动包括人类创造物质财富或精神财富的一切活动;狭义地说,劳动仅指体力劳动;抽象地说,它是人类改造自然、利用自然、服务社会、推动文明进步发展的一切实践活动。它也是区别人与动物的重要标志:随着人的进化和文明的进步,人类的劳动不断从简单的体力劳动,向利用生产工具的复杂劳动,直至广泛利用科学知识的脑力劳动飞速发展。但在不同的社会发展阶段或不同的社会制度以及不同的文化视野中,劳动的内涵和表现形式又具有不尽相同的人文和社会属性。

在人类进化过程中,人类的祖先类人猿的劳动仅仅是个体生存的本能活动,与一切动物的本能生存活动没有本质区别。随着人类的进步,个体的本能生存活动逐步演化为集体的互助帮扶活动，直至发展到今天全球化、全人类的分工协作活动。在这一进化过程中，由于劳动技能的持续进步、生产效率有了质的飞跃，劳动的本质已由个体生存的本能活动蜕变为个体价值的自我实现，从而超越低层次的生存本能，跨入高等级，创造个体和社会的极大财富，进而推动人类社会不断向现代文明迈进，成为推动人类文明进步的动力源泉，具有永恒的道德价值和哲学意义。

（二）劳动与劳动力的区别

劳动与劳动力是两个不同的概念，其内涵有明显的区别，二者不可混同。劳动是人类一切有价值活动的一种表现形式。从广义的角度来说，它是一种泛指的抽象行为；从狭义的角度来说，它是专指的具体行动。而劳动力是指人的劳动能力，即人所具有的能运用于劳动过程的体力和脑力的总和，有时也指具有劳动能力的人。它包括具有劳动能力的人口和这些人口的劳动能力两个范畴。在市场经济条件下，劳动力已成为商品的一种，具有特定的商业价值。

（三）什么是劳动者？

劳动者是指具有一定劳动能力、职业属性，在特定岗位从事有价值劳动的社会自然人。

二　劳动的不同表现形式

简单来说，一切有价值的人类活动皆可称为劳动。但由于表现形式不同、创造价值差异、劳动客体区别、主体能力不同，不同劳动具有不同的社会属性。劳动按不同的表现形式，可分为脑力劳动、体力劳动；按不同的职业属性，可分为工人、农民、教师、军人等许多类型，且文明越进步，分工越细化，类型越多；按不同所有制关系，可分为全民所有制、集体所有制、个体经营、联营企业等关系；按资本的组织形式，又可分为国有控股公司、私营企业、外商投资、有限公司等关系。

（一）简单劳动与复杂劳动

简单劳动是指在一定的社会条件下，一般劳动者都能胜任的劳动，无须特别的技术专长、知识和技能训练。简单劳动一般表现为体力的、重复的劳动。

复杂劳动是指具有一定技术专长的劳动，而获得这些技术专长和知识，需要经受专门的培养和训练。复杂劳动一般表现为技能的、智力的、创新的劳动。

从人类文明发展的历史来说，文明越进步，科技越发达，劳动越复杂。

（二）体力劳动与脑力劳动

体力劳动与脑力劳动并无清晰严格的分界。同样是“务农”劳动，机械化、电气化、自动化的务农劳动显然与人工务农劳动有着本质区别。因而我们只能简单粗略地从广义的角度将劳动相对划分为体力劳动与脑力劳动，即劳动者付出的表现形式是以智力还是以体力的方式体现出来。虽然凭直观即可简单区分，但当智力与体力共同付出时，体力劳动和脑力劳动的分界却比较模糊，如火车司机、汽车驾驶员等。同时，在一切劳动中，体力受脑力支配，脑力以体力为基础，体力劳动离开脑力支配即无效劳动，脑力劳动离开体力支撑也无法正常进行。二者一体两面，密不可分。

因此，脑力劳动与体力劳动区别的主要标志在于劳动者在生产过程中运用智力、科学文化知识和生产技能的程度，程度较高的为“脑力劳动”，程度较低的为“体力劳动”。从直观角度来说，活动幅度较小、趋于静态的思想活动为脑力劳动，反之即体力劳动。这中间没有严格的界限。一般来说，脑力劳动创造的社会价值高于体力劳动。同时，在知识、经验的继承性和劳动的技能性上，脑力劳动创新性较强，体力劳动相对较低。

（三）创新劳动与重复劳动

人类劳动，从表现形式上可简单分为创新劳动与重复劳动两大类。所谓创新劳动，就是在劳动中创造新的价值或以新的方法创造有用价值的劳动。而重复劳动，就是不创造新的价值，也不用新的方法创造有用价值的劳动。

创新劳动与重复劳动的概括，既不同于关于复杂劳动与简单劳动的分类，也不同于关于脑力劳动与体力劳动的分类。虽然创新劳动与重复劳动同复杂劳动与简单劳动、脑力劳动与体力劳动互有交叉，但实质概念不同。复杂劳动与简单劳动、脑力劳动与体力劳动概括的主要是劳动本身的特征；而创新劳动与重复劳动则主要侧重于劳动的目的和成果，研究的是关于不同类型的人类劳动在使用价值和价值创造中的地位、作用和贡献问题。因此，创新劳动与重复劳动是对人类劳动现象的新概括。

创新劳动与重复劳动之间既对立又统一。在一定意义上，重复劳动是对创新劳动的重复，创新劳动是对重复劳动的突破。重复、创新、再重复、再创新，往复无穷，推动人类社会不断向高层次发展。

模块二　劳动的外延

一　劳动的意义

劳动的意义和价值贵在让人用身体丈量物理和心灵的世界。人类在劳动过程中，一方面通过行为方式的变换与思维方式的变换来形成信息，通过价值判断与价值评价来选择信息，并通过经验和能力等方式来储存和传播信息；另一方面通过建立、发展和完善各种形式的扩展耗散结构(生活资料、生产资料、社会关系、自然环境和社会环境等)来形成信息,通过价值判断与价值评价来选择信息,并通过科学与技术等方式来储存和传播信息。另外,劳动促进了手与脚的分工,使人学会了制造和使用工具;劳动促进了语言的产生,加速了信息的生产和传播;劳动促进了大脑和机体的进化,加速了信息的积累与处理。

而且任何劳动都具有能动性和受动性。能动性是指人们按照自身对自然界的规律性认识改造自然的过程;受动性是指不论是否认识这些规律,人们总是受这些规律支配,不得不按照这些规律进行活动的过程。

在一定意义上,劳动的这两个特性同时存在,是一个过程的两个方面。在这个过程中,能动的一面取得的成果叫作“自由自在的劳动”,并赋予其作为美的本质规定。

(一)劳动创造人类

劳动是人类赖以生存、发展的决定力量。在劳动的直接推动下,早期人类大体经历了早期猿人(生存于距今300万~150万年前)、晚期猿人(生存于距今200万~30万年前)、早期智人或称古人(生存于距今30万~5万年前)、晚期智人或称新人(生存于5万~1万年前)等4个发展阶段。在从早期猿人到晚期智人的发展过程中,人类的脑量不断增大,体态特征愈来愈区别于猿而近似于现代人,劳动工具日益改进和多样化,经济生活逐渐丰富起来,并开始出现原始精神文明。从晚期智人开始,人类逐渐发展成现代世界的各色人种。劳动创造人类,是马克思主义关于劳动在人类形成和发展过程中起决定作用的科学论断。

(二)劳动推动社会进步

在从古猿进化到人的过程中,人类因生存而必须劳动,因劳动而出现个体的手脚分工,因劳动的分工与协作而激发语言,因劳动的日趋复杂而刺激思维,又因思维的进化而使劳动的目的性日趋明确,进而逐步促进劳动效率的提高和劳动范围的扩大,并通过语言的传导推动形成了以群居部落为单位的原始文明。由此可知,劳动是人类进化的原始起点和进步动力。在一定程度上,没有劳动就没有人类,更没有人类的现代文明。虽然我们已经进入科技高度发达的全球化时代,但从宏观上来说,没有全世界各民族分工不同的共同劳动,世界就不会发展,甚至会出现生存困难。比如在“世界粮仓”的乌克兰发生了俄乌冲突,全球食品价格上涨,引发非洲粮食危机。从微观上来说,个体放弃劳动,或立即出现生存危机,或智力、体力、生理机能出现退化。一个突出的社会现象是:退休老人无事可做时会快速衰老。有效的解决办法就是找事做、找“乐子”。也就是说,劳动会有效减缓人的衰老速度。无论是体力劳动还是脑力劳动,效果一样。

(三)劳动创造美好生活

“人世间的一切幸福都需要靠辛勤的劳动来创造。”①劳动既是人类生存的手段,也是推

---

① 新华社.习近平等十八届中共中央政治局常委同中外记者见面[Z/OL].(2012-11-15)[2023-07-10].https://www.gov.cn/ldhd/2012-11/15/content_2266858.htm.

动整个社会文明进步的动力，更是促进时代进步的阶梯。“民生在勤，勤则不匮。”人类正是通过持续数千年的不懈劳动、在劳动中不断创新劳动手段、跨越式提高劳动效率，才飞跃式创造了当今世界超越古人类亿万倍的物质财富和无法比拟的精神财富，从而构建了当代超越前人的美好生活。同时，劳动更是中华民族的优秀传统。一代代炎黄子孙脚踏实地，接力耕耘，一路披荆斩棘，从而开创了中华民族泱泱五千年的宏大文明，并在当今世界再次踏入强国之林，跨入世界政治舞台的中央。

1. 劳动是奠定美好生活“获得感”的基础

“社会主义是干出来的，新时代也是干出来的。”①只有在辛勤和诚实的劳动中才能开创新时代中国特色社会主义新局面，只有在富有创造性的劳动中才能不断增强自身的获得感。新时代美好生活的构建必须尊重人民的主体地位，发挥人民的首创精神，充分调动人民的积极性、主动性、创造性，焕发劳动热情，为实现中华民族伟大复兴的中国梦凝聚力量。

2. 劳动是创造美好生活“幸福感”的动力

美好生活的“幸福感”并非以独立形式出现，不是固定不变的心理感知，它生发于劳动，凝结在当下的奋斗行动中，是靠一点一滴创造得来的。劳动本质地构成人类美好生活的幸福基础和源泉。新时代提升“幸福感”必须坚持共建共治共享的发展理念，推动全体人民共同富裕取得更为明显的实质性进展，激发每个人的劳动和奋斗热情，形成一个人人乐于劳动、乐于创造的良性社会。

3. 劳动是提升美好生活“安全感”的保障

美好生活的“安全感”来源于和谐稳定的劳动关系、符合人性的劳动场所和安定团结的社会环境，这也是社会善治和文明进步的前提和标尺。提升美好生活“安全感”必须坚持以人民为中心的价值指向，弘扬“劳动最光荣、劳动最崇高、劳动最伟大、劳动最美丽”价值理念，捍卫劳动者尊严，形成尊重劳动、尊重创造的良好环境和社会风气，让诚实劳动、勤勉工作蔚然成风。

由此可见，任何时代潮流都没有遮掩劳动的光芒，反而将其无限放大，照亮我们的前进之路。时代在变，而劳动是创造美好生活的路径永远没有改变。

二 劳动的社会价值

当代青年学生多数是独生子女，物质生活逐年丰富，造成父母对孩子从小学到中学甚至到大学的过度溺爱，产生大量“巨婴式”青年学生，导致人上了大学，衣食住行仍由家人包办，融入集体或独立生活困难。现实生活中，不少大学生不仅动手能力弱，就业素质低，而且不尊重劳动，不尊重劳动者，不珍惜他人的劳动成果，进而上升到视父母创造的财富如粪土，企

① 习近平. 习近平给中国劳动关系学院劳模本科班学员的回信[N]. 人民日报，2018-05-01(1).

求终生不劳而获,随时准备窃取他人劳动成果。工作后,在职业生涯中也处处追求投机取巧,直至发展成道德法律问题。何况,深刻认识劳动价值不仅是对个人,对整个民族复兴伟业也是紧迫的现实需要。

(一)劳动的微观价值

劳动实践可以启发智力,启迪人在成长过程中,培养兴趣、拓展思维、发现问题、钻研方法、开阔视野、努力创新,通过“自觉”完成能力素质的培养提高,掌握基本的劳动知识和技能,正确使用常见劳动工具,增强体力、智力和创造力,具备完成一定劳动任务所需要的设计、操作及团队合作能力,从而实现基本生活技能、综合能力素质上的“多能”。

劳动实践可培养身心两健的全能型人才。身体的协调与头脑的灵活是相互促进的,通过体力劳动既可锻炼身体,又可锻炼头脑。人在体力劳动中既可养成强健的体格,锻炼四肢和头脑的协调性、灵活性,也可更好地理解书本知识,积累经验。而相比于单纯的体育锻炼,通过体力劳动,学生既出力流汗,又享受劳动成果,显然是一举两得。

通过劳动获得成果是一种愉悦的美的享受,正所谓“自己做的饭总是香的”。在这种自我实践、自我展示、自我创新、自我欣赏的过程中,劳动者获得心理上的愉悦与自信,陶冶了道德情操,形成了个人气质,完善了品格修养。举个简单的例子,一名退役军人无论走到哪里都会与众不同;与同样经历过军营生活的人,无论是否相识,在生活的许多方面都会产生共鸣。这就是艰苦军营生活对他们的共同淬炼与培养,让他们形成了相近类似的审美观、价值观和气质形象。

劳动有益于形成个人正确的价值观、世界观、人生观,有益于形成良好的生活习惯和遵规守纪的品质,特别是有益于形成责任感和合作的品质。尤其是在现代化大生产中,劳动对理解现代世界的系统性、集成性、协作性的作用是无可替代的。

劳动还有利于提高学生协作能力、沟通能力等综合素质,是未成年人接触社会的重要途径。很多成年人都有这样的印象,学生时代,定期轮换的宿舍值日,隔段时间教室大扫除,不仅能维持学习环境的整洁,还能让同学之间形成亲密的配合,甚至发展成终身的友谊。在劳动过程中,很多文化课学习中不会出现的实际问题被暴露,学生通过自己处理和解决这些问题,可实现社交能力的提升与人格素养的健全。

此外,劳动有益于健身、增强体质、磨炼意志。劳动过程也是审美的过程,是把无用的东西变成有用的东西、把破旧过时的东西变成新奇有价值的东西、把不美的环境变成美丽的环境的过程。人们在这一过程中形成鉴赏美、热爱美的能力和品质。在书本上学习的很多理论知识,只有在劳动实践中得到验证,认识才更深刻。在劳动实践的转化过程中,我们会碰到无数麻烦和困难,这才是真实的世界。唯有知识在劳动实践过程中的运用,尤其是职业理论知识在实践中的娴熟运用,才能加深对知识的综合性的理解和运用,才能成为人真正的职业本领。正如诗人陆游在《冬夜读书示子聿》中所说:“古人学问无遗力,少壮工夫老始成。纸上得来终觉浅,绝知此事要躬行。”

科学研究表明,原生家庭对人的影响是终生的。同样的道理,在一个人的成长历程中,持续的劳动实践活动也会留下难以磨灭的烙印,这些烙印会使人终身受益。持续的劳动教育和劳动实践,会使人形成良好的劳动习惯。心理学研究表明:连续21天以上的重复行为会形成习惯,90天的重复行为会形成稳定的习惯。生活中,许多男同志喜欢做家务、热衷做饭,并非简单地因为"爱"或妻子强悍,大多数是养成了稳定的习惯,并在这种习惯中获得愉悦、享受和赞美,从而稳定地树立了"暖男"的形象。

(二)劳动的宏观价值

劳动可以帮助人们树立正确的劳动观念。正确理解劳动是人类发展和社会进步的根源,认识劳动创造人、创造价值、创造财富、创造美好生活的本源、动力和途径,进而尊重劳动、尊重劳动成果、尊重劳动者,牢固树立劳动最光荣、劳动最崇高、劳动最伟大、劳动最美丽的思想观念,从而深刻领会"幸福是奋斗出来的"内涵,这是一个民族精神的体现,也是社会主义核心价值观和社会公共道德建设的组成部分,更是实现民族复兴伟业的一项重要战略举措。

人类数千年历史的发展进程,充分证明了只有通过长期持续的劳动实践,才能发现和创造新的、高效率的劳动手段,从而不断推动人类社会向前发展。在我国进入"大众创新,万众创业"的新时代后,我们面临建设中国特色社会主义现代化强国的历史重任,需大力实施创新驱动发展战略,这就需要通过提倡"创造性劳动",以适应时代发展需要。为此,在宏观层面进一步认识劳动的价值关乎未来国家技术创新能力,关乎经济发展、人民生活等多方面的质量与水平,更关乎中华民族的复兴伟业。

在整个教育领域,成体系地培养正确的劳动观念,有立德、启智、健体、益美的多重作用,可整体性提高全体国民和适龄劳动者素质,对全民族素质的提高、文明的进步、社会的发展、国家的强盛、民族的复兴具有事半功倍的实际效果,对实现中华民族伟大复兴具有重大的现实意义和深远的历史意义。

随着我国经济发展全面进入转型升级的新时代和老龄化社会的快速到来,改革开放以来的人口红利和"粗放"经济已逐渐消失,企业对员工综合素质、职业技能、工匠精神和创新意识的要求越来越高。尤其是工匠精神和创新意识,是我们从制造大国向制造强国迈进、从经济大国向科技强国攀登的核心竞争力。劳动在新时代的价值有了新的内涵,尤其是对青年学生的健康成长具有长远而深刻的积极影响。其中:日常生活劳动立足个人生活事务处理,注重生活能力和良好卫生习惯培养,可帮助个人树立自立自强意识。生产劳动使青年学生通过在工农业生产过程中直接经历物质财富的创造过程,体验从简单劳动、重复劳动向复杂劳动、创新劳动的发展过程,学会使用工具,掌握相关技术,感受劳动创造价值,增强产品质量意识,体会平凡劳动中的伟大。服务性劳动使青年学生在利用知识、技能等为他人和社会提供服务中,树立服务意识,实践服务技能;在公益劳动、志愿服务中,强化社会责任感。

对职业教育来说,结合专业特点的劳动,可增强职业荣誉感和责任感,提高职业劳动技能水平,培育积极向上的劳动精神和认真负责的劳动态度。其中:持续开展日常生活劳动实践,自我管理生活,可提高劳动自立自强的意识和能力;定期开展校内外公益服务性劳动,做好校园环境秩序维护,运用专业技能为社会、为他人提供相关公益服务,培育社会公德,厚植爱国爱民的情怀;依托实习实训,参与真实的生产劳动和服务性劳动,增强职业认同感和劳动自豪感,提升创意物化能力,培育不断探索、精益求精、追求卓越的工匠精神和爱岗敬业的劳动态度,坚信“三百六十行,行行出状元”,体现劳动不分贵贱,任何职业都很光荣,都能出彩;劳动专业课通过职业劳动知识技能教学,培养学生“干一行爱一行”的敬业精神,吃苦耐劳、团结合作、严谨细致的工作态度;持续的劳动实践,还可使人脚踏实地,避免好高骛远,有利于走出校门的职业选择。同时,良好的劳动素养是做好一切工作的基石,也是综合素质的最好体现,更有利于找到好工作,还是未来工作业绩和事业发展的根本保证。

第二讲

2

劳模精神的社会学意义

本讲概述

劳模精神的内涵是“爱岗敬业、争创一流、艰苦奋斗、勇于创新、淡泊名利、甘于奉献”。其中,“爱岗敬业、争创一流”是劳模精神的本质特征,体现了劳动模范对国家、社会、职业的高度责任感、使命感和舍我其谁的主人翁精神。“艰苦奋斗、勇于创新”是劳模精神的品质,劳动模范是辛勤劳动、诚实劳动、创造性劳动的积极实践者,踏踏实实、奋发图强、勇于挑战、敢为人先,在实现中华民族伟大复兴的历史征程中埋头苦干、求真务实、创新创造。“淡泊名利、甘于奉献”则是劳模精神的价值追求,彰显了先进劳模心甘情愿、默默坚守、身心投入,不求声名和个人私利。

学习目标

1. 了解劳模精神的内涵。
2. 理解劳模精神在新时代的重大意义。
3. 认识劳模精神在国家、社会、个人三个层面的现实价值。
4. 在实际工作岗位上践行劳模精神。

导入案例

大力弘扬劳模精神、劳动精神、工匠精神①

全国劳动模范、壶关县邮政分公司投递员赵月芳几十年如一日,在崎岖难行、处处悬崖峭壁的太行山“猫路”上攀上爬下走了21年,肩挑扁担硬生生地走出了一条邮路,帮助村民了解外面的世界、共同脱贫致富,被当地百姓亲切地称为“猫路上的信使”。前些年“村村通”工程让鹅屋乡有了第一条旅游公路,县城的邮车可以直接将邮件送到鹅屋乡,赵月芳终于告别了“猫路”。现如今,这条夏天狼蛇出没、冬天寸步难行的“猫路”已经成了网红打卡路。

---

① 范祥中. 大力弘扬劳模精神、劳动精神、工匠精神[Z/OL]. (2022-07-16)[2023-07-10]. http://www.rmlt.com.cn/2022/0716/651891.shtml.

管理学上有一个典型案例：同样在做砌砖的工作，如果你把它当作一个为砌砖而砌砖的任务的话，那么你就会因为重复劳动越干越没劲，越干越单调；但是如果你把它当作为一幢高楼大厦添砖加瓦的工作的话，那么你就会越干越有热情，越干越有梦想，越干越能把自己的主动性、积极性激发出来。

模块一　劳模精神概述

在长期实践中，我们培育形成了爱岗敬业、争创一流、艰苦奋斗、勇于创新、淡泊名利、甘于奉献的劳模精神，崇尚劳动、热爱劳动、辛勤劳动、诚实劳动的劳动精神，执着专注、精益求精、一丝不苟、追求卓越的工匠精神。劳模精神、劳动精神、工匠精神是以爱国主义为核心的民族精神和以改革创新为核心的时代精神的生动体现，是鼓舞全党全国各族人民风雨无阻、勇敢前进的强大精神动力。

一　认识劳模

王进喜是新中国第一批石油钻探工人，他率领1205钻井队艰苦创业，打出了大庆第一口油井，并创造了年进尺10万米的世界钻井纪录，为我国石油事业立下了汗马功劳，成为中国工业战线上一面火红的旗帜。王进喜以宁可少活20年，拼命也要拿下大油田的顽强意志和冲天干劲，被誉为油田铁人。

严师出高徒，但知道铁人王进喜的人，不一定知道他的师傅郭孟和是新中国第一位石油工人中的劳动模范。郭孟和1951年荣获全国工业战线劳动模范称号。在20世纪50年代，郭孟和的名字和鞍钢的孟泰、哈尔滨的马恒昌一起经常出现在人民日报上，是我国石油工业战线的一面旗帜。

（一）劳模的概念

劳动模范简称劳模，指在社会主义建设事业中成绩卓著的劳动者，经职工民主评选、有关部门审核和政府审批后被授予的荣誉称号。劳模分为全国劳模与省、部委级劳模，有些市、县和大企业也评选劳模。中共中央、国务院授予的劳模为“全国劳动模范”，是中国最高的荣誉称号。与此同级的还有“全国先进生产者”“全国先进工作者”称号。

（二）劳模的评选

劳动是全国人民赖以生存的基础，而劳模作为当代中国最伟大的劳动者代表，更是被广泛认同和推崇的。那么，全国劳模评选标准到底是什么呢？

首先，全国劳模的评选要求劳模为社会做出重要贡献。这个贡献可能是创造了新的能源、新的科技或新的文化成果，也可能是在贫困山区帮助贫困户脱贫致富，抑或是在各个行业中为生产发展做出了杰出贡献。只有这样，才能体现劳动模范在工作中的巨大价值和重要作用。

其次，全国劳模的评选还要求劳动模范始终保持良好的精神面貌，这种精神面貌应当体现在两方面：一方面，要有正确的人生观、世界观和价值观，始终秉持正义、爱国团结、助人为乐等正面的价值观念；另一方面，要保持勤奋好学、进取创新、争创上进等良好的工作态度，同时要注重家庭和社会责任，做一个有担当、有情怀的新时代好劳动者。

最后，全国劳模的评选还要考察劳动模范的道德品质和高尚行为。一个有良好品质的劳模，应该是真诚、守信、坚强、善良的代表，还要具备公正、有爱心、有道德操守、爱岗敬业等高尚品质。而对于那些为了私利行为不端、缺乏操守的劳模，大家应该保持高度警惕，共同维护劳模评选的公平性和公正性原则。

综上所述，全国劳模评选的标准，不仅要求劳动模范取得良好的工作业绩和成果，还要求其在精神面貌、道德品质和高尚行为方面具备一系列的良好特质和素养。在今天的新时代下，我们每个人都要做到勤学劳动、争创先进，为实现中华民族伟大复兴中国梦而不懈奋斗。

（三）劳模的贡献

评选劳模，不是要树立这样一个具体的人，而是要推广一种劳模精神。实际上它折射出一个时代的人文精神，反映出一个民族在某一个时代的人生价值和思想道德取向。它简洁而深刻地展示着一个时代的人之精神的演进与发展，凝重而浪漫地体现着一个民族的时代的思想与情愫，代表着一个时代的价值观、道德观和精神风貌，展示了中华民族顽强拼搏、自强不息的崇高品格，体现了我们伟大的民族能够与时俱进、开拓创新的精神风貌。劳模精神引领时代精神，劳模价值创造社会价值。每一个时代的劳模都有其特点，但无论时代如何变迁，永远不变的是劳模精神的本质。榜样的力量是无穷的。

“戴花要戴大红花，听话要听党的话……”这支20世纪五六十年代的老歌曾激励过那个年代的许多人争戴大红花，向世人表明：劳动最伟大、劳模最光荣，劳动模范应成为人们心中最耀眼的明星。那个年代涌现出来的李瑞环、倪志福、郝建秀、王进喜、时传祥、张秉贵、向秀丽、郭凤莲、王崇伦等，带动了一代人，他们的精神激励、鼓舞和影响了一个时代，他们的事迹激励了一代人去学技术，鼓舞了一代人想去当个好工人，“一五”计划、“二五”计划的实现，全是在这一代人的手中完成的。这一代劳模的精神到现在还在发挥作用。老劳模中，有的是通过发明创造突破了重大的技术难关，使生产实现飞跃的发展，如倪志福的钻头，王林鹤的高压电桥，蔡祖泉的电光源，都是“改造得世界变呀么变了样”。

从时传祥、王进喜，到倪志福、郝建秀，从李素丽、徐虎、王选、袁隆平，到李斌、许振超、王建军、李银环、于凯等。尽管每一个时代的劳模群体都呈现出多元的组合，以体现对不同劳动价值的肯定，但总的趋势，社会对劳动价值的评判，正在从“出大力，流大汗”“苦干加巧干”，向知识型，创造社会效益、经济效益方向转变。这样的变化，与新中国从一个农业社会、一个封闭自足的社会,向工业化、现代化,并逐步向世界开放的转变过程完全合拍。每一个时代所推举出的劳模,都代表着该时代的先进生产力和健康向上的力量。

案例

毛相林:43 年坚守偏远山村,坚持苦干实干,带领村民用最原始的方式在悬崖峭壁上凿石修道,历时 7 年铺就一条 8 千米的“绝壁天路”。他培育“三色”经济,发展乡村旅游,推进移风易俗,提振信心志气,把绿水青山变成了金山银山,让乡亲们改变了贫困落后面貌,过上了富裕文明生活。

叶嘉莹:70 年来培养了大批中国传统文化和古典文学的人才,为传播中国文化做出重要贡献。过去几年,她陆续将自己的全部财产 3500 多万元捐赠给南开大学教育基金会,设立“迦陵基金”,用于支持中华优秀传统文化研究。

二 劳模精神的社会价值

(一)对民族复兴的推动作用

广大劳模爱岗敬业、争创一流,在平凡的岗位上创造了不平凡的业绩。他们是推动发展的实践者,也是成就梦想的“实干家”。一个国家、一个民族要兴旺发达、不断前进,就必须在全社会大力倡导劳模精神,以实干为荣、以劳动为美。各级领导干部担负着发展一方、稳定一方、造福一方的重要职责,更需带头发扬劳模精神,认真履职尽责,坚持真抓实干,切实把事业干成、干好,不负党和人民的重托。

“空谈误国,实干兴邦。”这些受表彰的劳模和先进工作者,无一不是干一行爱一行、钻一行精一行的典范,在平凡的工作岗位上,干出不平凡的业绩。社会日新月异地变化,信息铺天盖地地涌入,让很多人产生了急躁心理。在此背景下,劳模精神的薪火相传更显重要,党员干部要以精益求精的工匠精神,发自内心地热爱劳动,义无反顾地投入劳动,脚踏实地地躬身实践,珍爱生命般爱岗敬业,努力成为知识型、技能型、创新型劳动者,成为本职工作的行家里手,从而带动各个民族共同努力实现中华民族的伟大复兴。

(二)对社会风尚的凝聚作用

艰苦奋斗、勇于创新,在寻常事业中铸就非常。每个时代、每个行业、每个岗位都对劳动者有着不同的要求,他们用勇气和热血去开垦和建设,逢山开路、遇水架桥。党员干部要把重实干、抓落实作为工作的第一准则,坚持学习“充电”,树立创新意识,要以“苟日新,日日新,又日新”的精神,培养一批能为社会主义现代化建功立业的高素质劳动大军;要坚持在实干中创新,在创新中实干,用劳动和创新为“十四五”新布局添砖加瓦。

(三)对个人修养的陶冶作用

淡泊名利、甘于奉献,在服务群众中出力出彩。作为党员干部,要想履好职尽好责,需要发扬无私奉献精神,走在讲党性、重品行、做表率的前列;要注重在思想上尊重群众,感情上贴近群众,工作上为了群众,时时倾听群众呼声,切实体察群众疾苦,准确把握群众的所需、所急、所忧、所盼;把全心全意为人民服务变成自觉行动,在服务群众中真正做到"情为民所系,权为民所用,利为民所谋"。

案例

全国劳模薛莹来自中航西安飞机工业集团股份有限公司,从 1992 年开始参与国际航空制造合作项目垂直尾翼的装配生产。为了让安装到飞机上的每一颗铆钉都做到质量最过硬、外观最漂亮,她和同事们一直致力于改进操作方法和工艺流程,先后交付的 7000 余架份优质垂直尾翼,赢得国际航空制造合作公司的高度认可。

全国劳模竺士杰是浙江省海港集团宁波北仑第三集装箱码头有限公司的一名桥吊司机,从业 20 多年来他立足岗位、勇于创新,以他名字命名的桥吊操作法已更新迭代至 3.0 版本。

全国总工会研究室副主任李睿祎表示,劳模精神随着时代发展不断变化,实践要求越来越高,引领价值越来越大,更加强调增强创新意识、提高创新能力。

模块二　如何践行劳模精神

对于大学生来说,应该借助榜样的力量,学习榜样的精神,从而更好地在日后的学习中努力拼搏,刻苦学习。大学生在学习劳模、弘扬劳模精神之前,首先要从内心崇敬劳模及劳模精神,但也应认识到劳模精神并不是高不可攀的,它就生长于每一个具有普遍优秀品质的劳动者的心中。大学生以后不一定皆能为劳模,但皆能践行劳模精神。从现在起,踏实地学习、生活,做好自己当下的事情及明天的工作,这就是大学生贯彻劳模精神的最基本方式。

一　爱岗敬业、争创一流

大学生有很多机会可以接触到各类大学生专业竞赛,这是增长见识、提高专业素养最好的实践。学习如逆水行舟,不进则退,在最好的年纪,应努力绽放自身的光彩。报名参加各类的知识竞赛,能更加充实自己的精神世界,查缺补漏,让自己被学习充实起来,敢闯、敢拼、敢竞争,争创佳绩、争创一流。

(一)爱岗敬业定义

爱岗敬业是爱岗与敬业的总称。爱岗和敬业,互为前提,相互支持,相辅相成。“爱岗”是“敬业”的基石,“敬业”是“爱岗”的升华。爱岗敬业指的是忠于职守的事业精神,这是职业道德的基础。爱岗就是热爱自己的工作岗位,热爱本职工作,敬业就是要用一种恭敬严肃的态度对待自己的工作。

(二)争创一流定义

争创一流是指立足本职、爱岗敬业的职业精神,不断追求一流的技术水平,干出一流的工作业绩,创造一流的工作效率,学习劳模勇于攀登、敢为人先的创新精神,增强创新意识,培养和提高创新能力,用新技术创造新业绩。

(三)典型劳模代表

许振超,生于1950年,山东荣成人,山东港口青岛港前湾集装箱码头有限责任公司工程技术部固机高级经理,是新时期产业工人的杰出代表之一,曾获得“全国优秀共产党员”“改革先锋”“最美奋斗者”“全国道德模范”等荣誉称号及全国五一劳动奖章。他立足本职工作,多次带领团队刷新世界集装箱装卸纪录,以他的名字命名的“振超效率”享誉世界航运界;他发扬“工匠精神”自学成才,成了响当当的“桥吊专家”;他把港口当成家,发扬“主人翁精神”,创造了“一钩准”“一钩清”“一钩净”“无声响操作”等多项绝活,成为技术顶呱呱的“许大拿”,让“振超精神”名扬四海,令世人赞叹。中国能成为世界第一集装箱装卸大国,他功不可没。

包起帆,生于1951年2月,浙江镇海人,上海国际港务(集团)股份有限公司原副总裁,曾获得“改革先锋”“全国优秀共产党员”“全国道德模范”等荣誉称号,连续5次被评为全国劳动模范,多次荣获国家发明奖、国家科学技术进步奖、全国五一劳动奖章,2009年当选100位新中国成立以来感动中国人物。从码头工人,到技术骨干、企业带头人、物流专家、国际标准的领衔制定者……他带领团队主动创新,研发新型抓斗及工艺系统,推进港口装卸机械化。参与开辟上海港首条内贸标准集装箱航线,建设我国首座集装箱自动化无人堆场,积极推进我国首套散矿装卸设备系统的研发。几十年来,他一直致力于港口装卸工具的改革创新,以百余项发明获誉“抓斗大王”,并获得国内外创新发明大奖无数。

二　艰苦奋斗,勇于创新

弘扬艰苦奋斗精神,重要的是坚持与时俱进的创新精神。新形势下弘扬艰苦奋斗精神,不仅要艰苦,而且要奋斗;不仅要继承优良传统,而且要勇于创新发展。我们必须摒弃守旧的思想束缚,在创新中谋求发展,对发展中遇到的新情况、新问题,用新理论加以指导,用新对策加以回答,用新办法加以解决。

（一）艰苦奋斗定义

艰苦奋斗是一种不怕艰难困苦，奋发图强，艰苦创业，为国家和人民的利益乐于奉献的英雄顽强的斗争精神。

（二）勇于创新是劳模的典型标志

勇敢地去探索，不要害怕困难，要有坚定的信心敢于面对困难，取得新的成果。创新是一个民族进步的灵魂，是一个国家兴旺发达的不竭动力，也是中华民族最深沉的民族禀赋。只有拥有创新精神的国家，才能让自己立于世界强国之林。

（三）典型劳模代表

9 月 16 日，在新疆喀拉通克矿业有限责任公司，自治区劳动模范陈克海正在冶炼检修一线忙碌着。作为"土生土长"的技术工，他在冶炼一线一干就是 29 年。在新疆大地，无论是沙漠戈壁、广阔田野，还是工厂车间、三尺讲台，有许多像陈克海一样的劳动模范，兢兢业业工作奋斗在一线。截至 2021 年 7 月，新疆维吾尔自治区在册管理的全国劳动模范 442 名、自治区劳动模范 4098 名，各条战线英雄辈出、群星灿烂。他们奋战在天山南北、各行各业，引领着千千万万的劳动者，推动新疆各项事业不断向前迈进，以实际行动诠释"爱岗敬业、争创一流、艰苦奋斗、勇于创新、淡泊名利、甘于奉献"的劳模精神。

管万琴是江苏华佳丝绸股份有限公司缝纫车间第四班组组长。她凭借其技术精湛、勇于创新、乐于助人、善带团队的工作表现，多次获评华佳公司"先进个人"，是班组姐妹心中的"好大姐"，是公司领导眼里的"带头人"，是缝纫车间里的"生产标兵""技术标兵"，是职工心中、口中的"劳动模范"。管万琴提出的标准化工艺程序和操作手势规范，让她所在的班组年均产值高于平均产值 28%，多次获得"最高产值奖"。在有效提升生产效率的同时，管万琴注重产品质量的提升和返工损耗的减少，她是车间质量问题分析专家和生产技术顾问，是缝纫车间的"生产标兵""技术标兵"。

管万琴在华佳工作的 10 多年里，始终以勤修苦练的心态提升自身的技术水平，以创新发现的思想为企业节支降本提升效率，以爱岗敬业的态度，团结集体共同发展，她为华佳的生产发展，做出了突出的贡献，真正实现了她说的话——"做最棒的自己，创造更好的未来。"

三 淡泊名利、甘于奉献

爱岗敬业、争创一流，艰苦奋斗、勇于创新，淡泊名利、甘于奉献的伟大劳模精神，是中国工人阶级崇高品格的生动体现，是我们时代的宝贵财富，是激励全国各族人民团结奋斗、勇往直前的强大精神力量。

（一）淡泊名利定义

简单地说，淡泊名利就是轻视在外的名声与利益，不追求名利。但是这里所说的不追求名利并不是消极的，而是为国家、为社会做出了很大的贡献，却把名利看得很淡。

（二）甘于奉献定义

甘于奉献就是自己甘愿奉献，不是被强迫的，把学到的知识用于生产、生活，努力工作，奉献自己的所有（指才华）为一方百姓造福。

（三）典型劳模代表

“择一事，终一生”，是劳动模范身上最鲜明的烙印，也是他们的“匠心”之魂和“工匠精神”最为动人之处。

王昌发是满洲里热电厂热力营销部三级网主管兼检修班长，在一线从事供热工作近30年。多年来，他用出色的工作和无私奉献的精神，在供热工作中做出了积极贡献，赢得了同事和广大群众的称赞。

在工作的近30个年头中，王昌发在技术革新上始终保持着刻苦钻研的劲头。2021年夏季，针对大型换热站供热半径长，末端循环流量低，只能通过加大循环泵流量来解决，大大浪费电能和热能的问题，他进入各小区，主动联系协调相关部门和用户，解决了迎宾站大改小机组建站问题，完善了换热站优化改造工作，使供热温度大幅提升，受益市民达8600户。同时，他在政府改造工程中积极献计献策，多次对改造项目中发现的问题提出合理化建议，让施工单位和老百姓都达到满意。

第三讲 劳动的精神追求

3

本讲概述

本讲主要论述劳动精神的核心内涵:崇尚劳动、热爱劳动、辛勤劳动、诚实劳动。

学习目标

1. 了解劳动与幸福的关系。
2. 理解职业的含义以及职业与劳动的关系。
3. 掌握劳动精神的本质要义。
4. 用实际行动践行劳动精神。

导入案例

让国产钢丝绳拥有国际话语权①

贵州钢绳(集团)有限公司二分厂技术员、高级技师周家荣30多年就干了一件事——在钢丝绳上“做文章”。他和团队曾主导修订一项国际标准,涉及钢丝绳的分类、订货内容、材料、技术要求等内容,实现了我国钢丝绳行业主导修订国际标准零的突破。

“我的一位老班长曾经给我讲过一段话。他说,什么叫作不简单,什么叫作不容易?就是要长时期甚至用几十年的时间认认真真、持之以恒地做好一件事情,这就是不简单,就是不容易。”30多年来,周家荣一步一个脚印在业务技能上不断取得突破和创新。

“今后,我将继续在钢丝绳这个领域里不断研究,改进工艺参数,研制生产出更多优质的钢丝绳产品,为国家推出更多的超级工程、大国重器作出贡献。不久前,我和团队主导制定的另外一个国际标准正式公布,可以让中国钢丝绳行业更好参与国际竞争,掌握更大的话语权。”周家荣说。

① 任欢. 让国产钢丝绳拥有国际话语权[N]. 光明日报,2022-05-01(5).

模块一 劳动精神概述

党的十八大以来,习近平总书记关于劳动和劳动精神的系列重要讲话是我们正确理解劳动精神的重要依据,也是大力弘扬劳动精神的重要参考。“我们要在全社会大力弘扬劳动精神,提倡通过诚实劳动来实现人生的梦想、改变自己的命运,反对一切不劳而获、投机取巧、贪图享乐的思想。”①劳动是财富的源泉,也是幸福的源泉。人世间的美好梦想,只有通过诚实劳动才能实现;发展中的各种难题,只有通过诚实劳动才能破解;生命里的一切辉煌,只有通过诚实劳动才能铸就。

习近平总书记关于劳动和劳动精神的思想为我们正确认识劳动精神的科学内涵指明了方向。全社会都要贯彻尊重劳动、尊重知识、尊重人才、尊重创造的重大方针,维护和发展劳动者的利益,保障劳动者的权利。要坚持社会公平正义,排除阻碍劳动者参与发展、分享发展成果的障碍,努力让劳动者实现体面劳动、全面发展。全社会都要热爱劳动,以辛勤劳动为荣,以好逸恶劳为耻。

一 劳动与幸福的关系

“幸福的生活从哪里来？要靠劳动来创造。”每当听到《劳动最光荣》这首歌曲时,我就非常感动,因为劳动创造了人类,没有劳动就没有人类的今天。在我国五千年悠久的文明史上,以勤恳劳动而被人敬仰的人物不计其数。“春蚕到死丝方尽,蜡炬成灰泪始干。”辛勤劳动的人就如同这“春蚕”和“蜡炬”一样,燃烧了自己,却照亮了别人。

因为社会分工的不同,人们的职业类型各异,工人、农民、教师、公务员、打字员、清洁工、服务员……社会需要各种各样的劳动者,每一种职业就像一架大的机器上一个个的零件,每一个都很重要,缺一不可。每一位劳动者就像一个个音符,每一个都很悦耳,都很值得尊重。

在21世纪的今天,我们更应该保持以勤为本的美德,让我们齐唱赞歌:“幸福的生活从哪里来？要靠劳动来创造!”

(一)幸福的定义

幸福,是一种能够长期存在的平和、舒畅的精神状态,评价标准是目标值(预期)达成情况,关键在于目标值的选取和达成目标的能力,二者重合后即可实现,目标值等于能力上限时达到极值。

---

① 新华社.习近平:在知识分子、劳动模范、青年代表座谈会上的讲话[Z/OL].(2016-04-30)[2023-07-10].https://www.gov.cn/xinwen/2016-04/30/content_5069413.htm.

生活中，人们常会误以为幸福来自对比，实际上同其他人对比只会影响目标值，目标值的变化进而对幸福感产生间接影响。目标值定得太高，但个人能力无法企及，就会使人陷入沮丧；目标值定得太低，分明能争取的利益却不思进取，就会使人产生不满。

幸福区别于快感、快乐。快感是即时性的生理满足，完成特定事件即可实现（如喝冷饮），时间往往以秒计；快乐是较持久的身心愉悦状态，完成一件事情即可实现（如野炊），时间往往以天计；幸福是长期的精神富足状态。

（二）幸福是奋斗出来的

幸福是奋斗出来的，既有历史的逻辑，也是现实的必然。中国人民自古就明白，世界上没有坐享其成的好事，要幸福就要奋斗。回望历史，无论是“愚公移山”“精卫填海”“囊萤映雪”“悬梁刺股”等寓言故事，还是“自古雄才多磨难”“梅花香自苦寒来”“君子以自强不息”等古训格言，其中蕴含的艰苦奋斗和自强不息的精神一直是支撑中华民族绵延至今的文化基因、精神密码。

幸福是奋斗出来的，实现中华民族伟大复兴，创造中国人民美好生活，更需要长期奋斗、艰辛奋斗、共同奋斗。世界上没有随随便便就成功到达的彼岸，要成功就要不懈奋斗、接续奋斗。青年是国家和民族的希望。对于广大青年而言，要做新时代的奋斗者，为国家富强、人民幸福而奋斗。

二 劳动与职业的关系

职业是播种劳动果实的土壤。职业是劳动者创造人生价值的舞台。职业因劳动而生，没有劳动就没有职业；职业的出现和发展促进劳动的日益进化。劳动者是职业选择主体，是职业选择的主导方面，各种职业则是被选择的客体；职业选择受劳动者自身条件和职业要求的限制不能任意进行。

职业是人类在劳动过程中的分工现象，它体现的是劳动力与劳动资料之间的结合关系，也体现出劳动者之间的关系，劳动产品的交换体现的是不同职业之间的劳动交换关系。劳动资料之间的结合关系，也体现出劳动者之间的关系。

（一）职业的定义

职业是人们在社会分工和生产内部的分工中所从事的相对稳定的、有专门业务和特定职责的、有合法收入并作为主要经济来源的社会活动，即我们通常所说的工作或工作岗位。

（二）职业是播种劳动成果的土壤

职业是播种劳动成果的土壤。再鲜艳的花朵也离不开土壤，离开土壤的花朵即使鲜艳也只是暂时的。同样，一个人的个人能力再强也离不开职业，因为职业是播种劳动的土壤。一个人只能把自己的能力发挥在工作岗位上，才能创造出社会价值，才能为人类贡献出自己的光和热。任何离开职位谈贡献,离开岗位谈价值的都是空谈,都是不切合实际的。

模块二 如何践行劳动的精神追求

重视劳动、倡导劳动、保护劳动,是社会主义先进性、优越性的显著标志和前提条件。学校、文化馆等教育场所可以举行以“劳模心、劳动美、中国梦”为主题的劳动服务仪式,培育学生树立正确的劳动观和劳动态度,开展以劳树德、以劳增智的活动,教育学生热爱劳动,让学生懂得尊重劳动果实,传承“工匠精神”。

如今,全国上下是复工复产加速推进时期,决战决胜脱贫攻坚、全面建成小康社会任务艰巨,唯有依靠广大劳动者的付出与创造,才能实现奋斗目标,托起美好未来。

善于劳动、善于创造是中华民族最鲜明的品格,也是当代中国续写发展奇迹的动力源泉。以勤奋为核心的劳动精神,也是每个劳动者的精神原色。崇尚劳动、尊重劳动者、弘扬劳动精神,才能为中国的发展汇聚强大的正能量。

一 崇尚劳动

中华民族是勤于劳动、敢于创新的民族。中华上下五千年以来,在这片广袤而又古老的东方大地上,中华民族祖祖辈辈的劳动者创造了崇尚劳动、热爱劳动、辛勤劳动、诚实劳动的劳动精神,成就了辉煌灿烂的中华文化,锻造出奋发进取的民族品格,诠释了勤劳勇敢的民族精神。

劳动创造历史。中华民族自古就是崇尚劳动的民族。翻开古老历史的书卷,“断竹,续竹,飞土,逐宍”仅仅8个字就描绘出远古时期劳动人民狩猎的场面,到先秦时期“日出而作,日入而息;凿井而饮,耕田而食”的劳动人民早出晚归的场景,再到“新筑场泥镜面平,家家打稻趁霜晴。笑歌声里轻雷动,一夜连枷响到明”农民打谷的繁忙景象……对劳动的赞颂绵绵不绝。

因为崇尚劳动,我国古代劳动人民既创造出了万里长城、京杭大运河、布达拉宫等世界建筑奇迹,又创造出了“四大发明”、瓷器等,为世界人民留下了丰富的物质遗产和精神文化遗产。到了近代,中华民族牢记“天下兴亡,匹夫有责”的谆谆教诲,虽历经风雨饱受磨难,却不易其志不改其心,再次立足于世界民族之林。中华人民共和国成立以后,更是涌现出像“铁人”王进喜、“一抓准、一口清”的张秉贵、“高炉卫士”孟泰等一大批典型劳动模范,书写出一首首属于平凡劳动人民的赞歌,改变了新中国一穷二白的落后面貌。

(一)为什么要崇尚劳动

马克思主义认为,劳动是人类生存的基本条件,“为了满足需求,就需要有劳动”。劳动造就了中华民族的辉煌历史,也必将创造出中华民族的光明未来。在近百年奋斗历程中,我们党团结带领全国人民进行革命、建设和改革,使中华民族迎来了实现伟大复兴的光明前景。越是接近目标,越要依靠劳动。我们要把马克思主义劳动观蕴含的科学真理运用到新时代坚持和发展中国特色社会主义的伟大实践中去,不断把中华民族伟大复兴事业推向前进。

(二)崇尚劳动应如何做

1. 让"劳动光荣、创造伟大"成为铿锵的时代强音

"劳动是人类的本质活动,劳动光荣、创造伟大是对人类文明进步规律的重要诠释。'民生在勤,勤则不匮。'中华民族是勤于劳动、善于创造的民族。正是因为劳动创造,我们拥有了历史的辉煌;也正是因为劳动创造,我们拥有了今天的成就。"①

2. 充分调动广大人民群众的积极性、主动性、创造性

"在前进道路上,我们要始终坚持人民主体地位,充分调动工人阶级和广大劳动群众的积极性、主动性、创造性。要尊重人民首创精神,甘当人民群众小学生,把蕴藏于工人阶级和广大劳动群众中的无穷创造活力焕发出来,把工人阶级和广大劳动群众智慧和力量凝聚到推动各项事业上来。"②

3. 劳动精神具有营造良好社会风尚的价值意蕴

"全面建成小康社会,进而建成富强民主文明和谐的社会主义现代化国家,根本上靠劳动、靠劳动者创造。因此,无论时代条件如何变化,我们始终都要崇尚劳动、尊重劳动者,始终重视发挥工人阶级和广大劳动群众的主力军作用。"③

4. 努力让劳动者实现体面劳动、全面发展

党的二十大报告要求实施就业优先战略。就业是最基本的民生。强化就业优先政策,健全就业促进机制,促进高质量充分就业。完善促进创业带动就业的保障制度,支持和规范发展新就业形态。健全劳动法律法规,完善劳动关系协商协调机制,完善劳动者权益保障制度,加强灵活就业和新就业形态劳动者权益保障。

5. 劳动精神具有推进全面建设社会主义现代化国家的价值意蕴

实现民族独立、人民解放、国家富强和人民幸福是我们党团结带领工人阶级以及广大劳动群众艰苦奋斗和顽强拼搏的结果。

二 热爱劳动

(一)为什么要热爱劳动

(1)劳动创造了人类,创造了世界,创造了文明。

①②③ 新华社. 习近平在庆祝"五一"国际劳动节暨表彰全国劳动模范和先进工作者大会上的讲话[Z/OL]. (2015-04-28)[2023-07-10]. https://www.gov.cn/xinwen/2015-04/28/content_2854574.htm.

(2)劳动促进人的成长与发展,丰富人的精神世界。

(3)劳动是培养和发展人的道德品质、提高人的精神境界的重要途径。

(4)通过劳动工具的发明和使用,人类延伸了身体的某些器官的功能,加强了在自然界中谋生和发展的能力。

(二)热爱劳动应如何做

1. 树立正确的劳动观

花田里采蜜的小蜜蜂、日头下辛勤劳作的农民伯伯、从事科研的工作人员、为生活忙碌奔波的打工人,都是值得我们学习的榜样。作为新一代的年轻人,我们应树立正确的劳动观:劳动最光荣。

2. 劳动的价值

大学中有很多时间都是由我们自己安排的,帮助老师,帮助同学,参加一些志愿活动,或进行一些脑力活动,都可以算是劳动。这些劳动充实了我们自己,让我们的大学生活丰富起来,我们也会从中有所收获。

3. 动起来

实践出真知,不要怕苦和累,当我们体会到劳动所带来的甜时,劳动的意识便不请自来。

三 辛勤劳动

勤奋劳动,不断提高自己的技能和能力,为自己和社会创造更多的财富和价值。

辛勤劳动不仅是一种生活态度,更是一种价值观念,它体现了个人的责任感、奉献精神和社会责任。

辛勤劳动的核心是付出努力和勤奋工作,这需要我们在工作中保持专注、持之以恒,不断地克服困难和挑战。同时,辛勤劳动需要我们不断地学习和提高自己的技能和能力,以适应不断变化的社会和市场需求,为自己和社会创造更多的财富和价值。

辛勤劳动不仅能够带来物质上的回报,更能够带来精神上的满足和成就感,让我们在工作中感受到自己的存在价值和意义。因此,辛勤劳动是一种正面的生活态度和价值观念,值得我们在生活和工作中持之以恒。

(一)为什么要辛勤劳动

1. 劳动是人类的本质活动

劳动既把人同动物区别开,把人从自然界中提升出来,又把人与人类社会同自然界紧密地联系起来。

劳动是人类的本质活动,它使人类获得了自己的本质,把自己与其他动物从根本上区别开来。人通过劳动改变自然,创造属于人自己的物质生活条件。

人与自然又是不可分的。自然界是劳动的基础,人是劳动的主体,劳动所作用的对象是客体,它们都要受自然界的制约。就劳动主体而言,劳动者自身就是一种自然的存在,劳动就是人的肉体组织的运动。劳动者的劳动活动还要受到他所处的自然环境的制约。就劳动客体而言,作为天然劳动对象即未经劳动加工过的对象,如原始森林、土地等,本身就是自然界的一部分,当然要受自然规律的制约;另一种劳动对象是经过劳动加工过的东西,从归根到底的意义上讲,它也来自自然,也必须遵循自然规律。

2. 劳动是从自然界向人类社会过渡的中介

劳动就其最一般的性质而言是使用价值的创造者。它是通过人与自然之间的物质、能量、信息的变换而实现的。劳动过程也是形成人与人之间关系和形成人类社会的过程。

3. 劳动是揭开人类历史之谜的钥匙

所谓人类历史之谜,就是指对人类社会是如何产生、变化、发展问题的解答。

唯物史观揭示了劳动是人类社会产生的基础和前提。历史过程中的决定性因素归根到底是物质资料的生产和再生产,人类的历史首先是生产发展的历史。劳动是人与自然之间的物质变换过程,是人以自身的活动来引起、调整和控制人与自然之间的物质变换过程。人在改变外部自然的同时,也使人自身的自然得以改变和完善。劳动决定着社会的产生、变化和发展。所以说,它是揭开人类历史之谜的钥匙。

劳动观点是历史唯物主义的基本观点。党的十六大强调尊重劳动,首先,要树立劳动光荣的观点。其次,一切合法的劳动收入都应该得到保护。

(二)辛勤劳动应如何做

1. 大学生树立正确的价值观和事业观

劳动是社会对个体最基本的要求,既是个人的生存手段,也是个人对社会和国家应尽的义务。新时代大学生树立劳动最光荣、劳动最崇高、劳动最伟大、劳动最美丽的思想观念,有利于他们形成以辛勤劳动为荣、以好逸恶劳为耻的荣辱观。

培养大学生以客观公正、平等尊重的态度对待一切劳动,并尊重每一位普通劳动者,可以使大学生树立正确的价值观念,克服不劳而获和投机心理,让诚实劳动的观念深深扎根于他们的内心。培育新时代大学生的劳动精神,有助于当代大学生树立正确的事业观,使他们真正认识到劳动是财富的源泉,也是幸福的源泉。

2. 大学生培育和践行社会主义核心价值观

中华民族是勤于劳动、善于创造的民族。正是因为劳动创造,我们才拥有了历史的辉煌;也正是因为劳动创造,我们才拥有了今天的成就。尊重劳动,坚持爱岗敬业的工作态度和职业操守,是践行社会主义核心价值观的要求和具体体现。

培育新时代大学生的劳动精神,能够使大学生真正理解人民创造历史、劳动开创未来,相信劳动是推动人类社会进步的根本力量;真正认识到正是因为中国人民的劳动创造,我们才拥有今天的幸福生活。通过弘扬劳动精神，大学生扎扎实实干事，踏踏实实做人，培养积极主动的岗位意识、职业意识、进取精神和创新精神。

3. 让大学生感受时代精神力量。

劳动既是勤劳诚实的奉献，也是凝聚真善美的力量。要引导新时代大学生确立劳动最美丽的思想观念，使他们真正感受到劳动本身所激发出的人性光辉、品德光辉和精神光辉，体验到劳动者在劳动中所体现的精益求精、专注执着、无私奉献、创新创造的宝贵精神。

四　诚实劳动

(一)为什么要诚实劳动

(1)劳动是财富的源泉，也是快乐的源泉，但是劳动不是从天而降的，要想享受财富、享受快乐，就要脚踏实地、诚实劳动。

(2)只有诚实劳动才能实现我们的人生价值。人的价值可以分成两个部分，一是个人价值，二是社会价值。一个人的价值主要是看人的社会价值，也就是看一个人为社会做了什么。

(3)只有诚实劳动才能实现伟大的中国梦，完成中华民族的伟大复兴。中华民族伟大复兴的中国梦不是一朝一夕就能实现的，需要全体社会主义劳动者脚踏实地、不辞劳苦、辛辛勤勤地诚实劳动来实现。

(二)诚实劳动应如何做

(1)坚守道德底线，诚实劳动：我们应该具备诚实守信、勤奋劳动、持续进取的品质，尊重自己的职业并严格遵守公司的规章制度。

(2)惩罚不诚信行为：若有同事存在不诚信行为，我们不应该姑息，应该在员工手册所规定的程序下进行举报和制定惩罚措施。

(3)宣传倡导：企业应该定期进行员工守信教育，让员工明确诚信意义和予以实际行动，让这种意识铭刻在心，融入工作和生活的方方面面。

(4)鼓励相互检查：团队的互相监督和检查非常必要，及时纠正不良行为，提醒彼此注意诚信问题也是十分有益的。

总之，反对不诚信行为需要我们努力提升自身的诚信意识，以及秉持着对道德责任的高度敬畏，这也是让团队和谐、向上发展的重要保障。

第四讲

工匠精神的社会学意义

4

本讲概述

在中国，“工匠”一词最早出现在春秋战国时期，当社会分工中开始独立存在专门从事手工业的群体时，“工匠”主要代指从事木匠的群体。随着历史的发展，东汉时期“工匠”一词的含义已经基本覆盖全体手工业者。

中国古代工匠精神包括创新精神、精益求精的职业态度、敬业精神等。在新时代，工匠精神的主要内涵包括爱岗敬业的职业精神、精益求精的品质精神、协作共进的团队精神、追求卓越的创新精神等。

其中，爱岗敬业的职业精神是根本，精益求精的品质精神是核心，协作共进的团队精神是要义，追求卓越的创新精神是灵魂。新时代工匠精神既是对中国传统工匠精神的继承和发扬，又是对外国工匠精神的学习借鉴；既是为适应我国现代化强国建设需要而产生的，又是劳动精神在新时代的一种新的实现形式。这一精神与劳模精神、劳动精神构成一个完整的体系，成为激励广大人民团结奋斗实现中国梦的强大精神力量。

学习目标

1. 了解工匠精神的含义。
2. 了解各国工匠精神的特点。
3. 掌握工匠精神的实质及在我国历史上的传承。
4. 在职业生涯中积极践行工匠精神。

导入案例

焊花闪耀，映照工匠精神①

易冉，中共党员，电焊高级技师、高级工程师，在中车株洲车辆有限公司从事重载铁路货车焊接工作。从业 20 多年来，她参与焊出的 8 万多辆新型货车质量全优，主持、参与了 30

① 孟繁哲. 焊花闪耀，映照工匠精神[N]. 人民日报，2023-03-17(7).

多种型号新车试制，先后率队参与焊接攻关项目试验100余项（次）。她被誉为中国“电焊花木兰”，曾获全国劳动模范、全国十佳最美职工等称号。

“焊工手里有团火，四季炙热无法躲。十个焊工九个黑，全身上下全是灰。”脏、累、热，是电焊车间的最大特点。穿上两层厚厚的长袖工作服，提着几十斤重的焊丝来回走，脸被高强度电弧光灼伤……条件越是艰苦、任务越是艰巨，易冉就越是努力。“焊花把手臂烫得冒烟，也决不停弧”，彰显着“心心在一艺，其艺必工”的意志品质。从车间的底架转胎班到国际焊接大赛的竞技场，从工厂实习生到26岁时成为湖南省当时最年轻的电焊高级技师，易冉一路下苦功夫、磨砺技能，收获了成长，赢得了肯定，实现了自我价值。

模块一　工匠精神概述

我国经济要靠实体经济作为支撑，这就需要大量专业技术人才，需要大批大国工匠。今天，我们比以往任何时候都需要更多技术工人，尤其是高技能人才。无论是突破“卡脖子”技术，实现高水平科技自立自强，还是建设制造强国，推动经济发展质量变革、效率变革、动力变革，都需要大力弘扬工匠精神，发挥技术工人队伍的聪明才智。截至目前，我国技能劳动者超过2亿人，其中高技能人才超过5000万人。但同时，我国技能劳动者占就业人口总量不到三成，技能人才总量仍然不足。正因此，壮大技术工人队伍，培养更多高素质技术技能人才、能工巧匠、大国工匠，既是当前之需，也是长远之计。

重视发挥技术工人队伍作用，既要依靠技术工人自身努力，也需要政府部门积极培养。“心心在一艺，其艺必工；心心在一职，其职必举。”从技术工人自身而言，无论从事什么劳动，只要具有“择一事终一生”的执着专注、“干一行钻一行”的精益求精、“偏毫厘不敢安”的一丝不苟、“千万锤成一器”的卓越追求，就能以勤学长知识、以苦练精技术、以创新求突破，在平凡岗位上干出不平凡的业绩。政府部门应加大制度创新、政策供给、投入力度，完善和落实技术工人培养、使用、评价、考核机制，提高技能人才待遇水平，畅通技能人才职业发展通道，完善技能人才激励政策，激励更多人走技能成才、技能报国之路。

强国建设，“匠心”铸就。从一枚螺丝钉的打磨，到精确到毫米级的工艺，小环节里有大学问，也能做出大成果。新征程上，大力弘扬工匠精神，重视发挥技术工人队伍作用，使创新才智充分涌流，就能凝聚起强大的创新动能，为实现经济社会高质量发展注入不竭动力。

一　认识工匠精神

工匠精神是一种职业精神，它是职业道德、职业能力、职业品质的体现，是从业者的一种职业价值取向和行为表现。“工匠精神”的基本内涵包括敬业、精益、专注、创新等方面的内容。

(一)工匠的概念

工匠指有工艺专长的匠人,现代被称为大师傅、技术员。工匠也指专注于某一领域、针对这一领域的产品研发或加工过程全身心投入,精益求精、一丝不苟地完成整个工序的每一个环节的人。

(二)中国工匠精神的传承

工匠精神是一种严谨认真、精益求精、追求完美、勇于创新的精神。在新时代将工匠精神传承下去,对于推动经济高质量发展、实现"两个一百年"奋斗目标具有重要意义。我国自古就有尊崇和弘扬工匠精神的优良传统,一些工艺水平在世界上长期处于领先地位。瓷器、丝绸、家具等精美制品和许多庞大壮观的工程建造都离不开劳动者精益求精的工匠精神。无论是"两弹一星"、载人航天工程取得的辉煌成就,还是高铁、飞机等的设计与制造,都离不开工匠精神,都展现出我们对工匠精神的继承与发扬。传承工匠精神,需要培养尊崇工匠精神的社会风尚、构建相应体制机制。一个国家、一个民族的发展,离不开各行各业劳动者的共同推动。社会对各种人才的评价会直接影响劳动者努力进取的方向。中华人民共和国成立 70 多年来,我们走过了不平凡的征程,各行各业取得了不平凡的发展成就。取得这些成就的过程并不轻松,这与我们中华民族踏实肯干、追求卓越的品质紧密相连。我们凭借着工匠精神走在前列,在时代的大潮中勇立潮头。自古以来,工匠都以登峰造极的技艺、一丝不苟的态度,让我们见证了平凡所造就的伟大。作为新时代的年轻人,我们已经站在历史的肩膀上,只有发扬和传承新时代工匠精神,才能在社会的洪流中永远立于不败之地。

二 典型国家的工匠精神

工匠精神,是指工匠不仅要具有高超的技艺和精湛的技能,还要有严谨、细致、专注、负责的工作态度和精雕细琢、精益求精的工作理念,以及对职业的认同感、责任感、荣誉感和使命感。

其实,工匠精神在每个国家有不同的提法,德国人称其为"劳动精神",美国人称其为"职业精神",日本人称其为"匠人精神",韩国人称其为"达人精神"。

经过对德国、日本等工匠精神盛行国家的比较研究,以及对我国古今工匠精神的收集整理,大国工匠精神主要表现在以下五个方面:执着专注、作风严谨、精益求精、敬业守信、推陈出新。

(一)美国的工匠精神

美国"工匠精神"的核心是创新,优秀的工匠就是别出心裁、不拘一格、自由创造的人。"工匠精神"不仅促成了美国今天的成就,也丰富和发展了美国文化。坚信唯有创造才能让人类有更好的未来,这是许多美国发明家具备的使命感。推崇创新的"工匠精神"为美国赢得了全球性的竞争优势。

为在新一轮科技革命和产业竞争中占领先机，美国提出了“回归制造业”，并于若干年前在社区兴办“工匠空间”、开展“工匠运动”，目的就是进一步培养“工匠精神”，重振制造业。

（二）德国的工匠精神

德国制造在世界上享有很高的声誉。德国制造的支柱是占德国经济99.6%的中小企业，它们往往是家族传承的（占德国企业总数的92%，其中纯家族企业占56%），其中不乏百年老店。这些企业产品的特色为专、精、尖、特，并能够与时俱进，不断突破创新。即便企业做大、享誉全球后，作为企业文化精髓的工匠精神仍然能够长期坚持。

德式“工匠精神”的第一个特点是“慢”。科隆大学学者罗多夫对《环球时报》记者说，科隆大教堂始建于1248年，直至1880年才由德皇威廉一世宣告完工，耗时超过600年。德国工匠的“慢功细活”打造了完美的哥特式教堂。对德国人来说，“欲速则不达”——稳健第一、速度第二。

第二个特点是“专”。德国约有370万家企业，其中95%是家族企业。这些家族企业大多是世界某一工业领域的“隐形冠军”，共同特点是爱“钻牛角尖”。像“螺丝大王”伍尔特集团，1954年创立时才几名员工，现在扩展到5万多名员工。它的成功在于，自始至终坚持生产“单一”产品——螺丝钉。

第三个特点是“创新”。在德国，一款新型汽车承载着诸多信息和通信技术创新，即使一些小企业也有研发部门。

据了解，从中世纪开始，“工匠”就已成为德国人的职业热爱。那时师傅就开始带几个学徒做手艺。“德式‘工匠精神’离不开德国双元制职业培训体系，所谓‘双元’，是指职业培训须经过两个场所的培训，一元是指职业学校，另一元是指企业或公共事业单位等校外实训场所。”

（三）日本的工匠精神

日本工匠对于极致的追求近乎偏执，工匠们“以完美和极致为荣”，这些匠人大多一生只专注于一件事、制造一种产品，对于手艺的熟练精巧有着严格的自律，决不让有瑕疵的产品上市。

第一，爱业情怀。

日本匠人对待职业、对待自己的工作有着深厚的情感，很多人一生始终如一地钻研、守业，始终致力于产品质量的提升，由此产生的爱业情怀使其对职业充满虔诚的神圣感、责任感、使命感以及荣誉感。以丰田公司为例，在20世纪70年代，每年收到的员工改良建议超过70万条，员工参与率高达65%，平均每人每月超过2条。

第二，专业精神。

专业精神在日本根深蒂固，从大制造企业的生产车间，到可能只有几个人的小作坊，都有明确的规章制度与分工，对工作人员的衣着打扮、工具器械、机器操作、制作流程等方面都有着严格规定。日本的树研工业股份有限公司,用10年时间于1998年生产出世界上最轻的齿轮,只有十万分之一克,后来又生产出只有百万分之一克的“粉末齿轮”。这种齿轮有5个小齿,直径0.147mm,宽0.08mm,1粒米上可以放置100个这种齿轮,其精巧程度令人惊叹。

第三,崇尚极致。

日本很多中小企业崇尚“一技之长”,为世界各国企业提供高技术、高质量的零部件、原材料及新商品的中高端复杂加工服务,其很多中间产品占全球市场份额非常大甚至是首位。日本著名的“寿司之神”小野二郎,经营着10个座位的寿司店,该寿司店是世界上最小的米其林三星餐厅,没有豪华的装潢,甚至没有菜单,不提供酒水饮料和小菜,只卖寿司。就是这样一个不起眼的寿司店,至少需要提前两个月订位,已成为日本工匠追求极致的象征。

第四,美之追求。

日本工匠非常热衷于将产品塑造成具有优美造型、蕴含文化底蕴,甚至具有艺术品的价值与审美,对于产品之美的追求,已经深深植入于工匠们的血液与骨髓之中。日本著名的京铁四大堂(亀文堂、龙文堂、金寿堂与藏六堂)的工匠制造的铁茶壶,每一把壶身雕刻的图案都仿佛在记载和述说一个个历史长河中所发生的故事,具有很高的收藏和观赏价值。

第五,安分淡然。

日本匠人受德川幕府时期“适得其所,各安其分”思想的影响比较深远,对于自己所从事的职业有着极高的耐心,往往能够一心一意精耕细作,全身心投入到技术钻研之中。比如秋山木工公司就有独特的“匠人研修制度”,学徒在成为一名合格木匠之前,至少需要8年的学徒生涯,正是这种长期修身养性的训练,使得日本的木匠们养成了安分守已地从事木匠职业的心性。

(四)意大利的工匠精神

意大利的修书店在中世纪是装订书籍的唯一选择,随着工业时期的到来,大批量的书籍装订逐渐由工厂承担。电子数码技术普及后,政府、律师等昔日的大客户转向无纸化办公,修书店如今完全走上精品化道路。现在意大利的手工修书店大约有100家。

70岁的阿戈斯蒂诺是意大利东海岸城市里米尼的一名修书匠,每天在经营了30年的罗马尼奥拉修书店里,伴随着嘈杂的机器声和沙沙作响的收音机修炼着手艺。以修书过程中缝制书脊这一环节为例,从业已50年的阿戈斯蒂诺说:“我一般会选用结实的布料打底,而不像一些大批量生产的工厂那样用纸板代替。这部分的材料顾客是看不见的,布料成本远超纸板,工艺也更为复杂,却是修书匠的责任心所在。顾客看不见,但我看得见,时间也看得见。”

(五)英国的工匠精神

在伦敦市中心有一条长300多米的大街——萨维尔街,身着这条街出品的定制西装已成为世界各国名流的身份象征。拿破仑三世、英国前首相丘吉尔、英国查尔斯王储……都曾穿过这条街出品的定制西装。数百年来，萨维尔街追求极致、精益求精、力求完美的工匠精神，被誉为世界男装的工艺典范。

萨维尔街有一家百年老店——韦尔什 & 杰弗里斯。店铺的女合伙人全英梅说，这里的裁缝追求极致，不惜花费时间和精力，也要把西装品质从 99% 提高到 99.99%。完成一套全定制西装需至少 50 个小时，经 7 个人之手，客人往往需要等待两三个月。为了量体裁衣，裁缝们需要测量 50 多处地方，记录顾客的身高、肌肉形状、体形等细节。在全英梅看来，真正的工匠精神，除了要有精湛手艺，更要有一颗真诚对待客户的心。“最近，一位 80 多岁的老顾客拿了件 1950 年做的西装回店里修补。”她说，“这不算最久的，我还修补过一件 1932 年做的西装。不管年代多久远，我们一直保存着当年为顾客定制西装时记录的信息。”

模块二　在职业生涯中积极践行工匠精神

在新时代大力弘扬工匠精神，对于推动我国经济高质量发展具有重要意义。其一，弘扬工匠精神是推动人类进步的重要力量。人类就是一个大的工匠群体，从古至今的活动内容可以概括为两个重要方向：一个是改造“大自然”；一个是通过科技的进步，提升人类的生活水平。这一切都需要在科技快速迭代的推动下，通过高质量地控制和把握过程，才能高水平地实现目标。而工匠精神是助推科技创新能力和提升高品质制造的重要动力，在此应重点做好三个方面的支撑：第一个方面是在产品生产活动中应坚持质量为根本，诚信为基础。要积极倡导诚信精神，最大限度利用好每一点资源，在产品的整个制造过程中做到百分之百全身心投入；要不断加强和完善诚信体制机制建设，确保人与人、人与物之间的公平体现和价值认可，为市场公平竞争和产品质量的有效提升提供坚实基础保障。第二个方面是加大科技和创新投入力度。科技创新是保证产品内外部质量、适用性、可靠性等不断提升的前提，这其中还要注重大创新、小创新、微创新，要从点到面创新，从局部创新到体系创新。第三个方面是把握精益产品质量的核心内涵。精益就是指要在单位时间内追求最精最好，一个产品用同样的时间从对标的角度出发，做到全国最好就是全国品牌，做到世界最好就是世界品牌。

其二，弘扬工匠精神是实现制造业转型升级的重要基础。我国是世界制造业第一大国，在世界 500 多种主要工业产品中，我国 220 多种工业产品的产量位居世界第一。但总体而言，我国制造业大而不强，打造更多世界名牌产品，实现制造业转型升级迫在眉睫。在此，要做到坚持两个理念：一是大力推进名牌战略的实施，尽快改变我国产品物美价廉的生产模式，做到物优价也优，这就需要大量的独创和原创，掌握更多的自主知识产权；二是要坚持以人为本，人的质量决定产品质量，应加大对各类人才的培养力度，建立和完善广大干部群众终身学习和教育保障制度，搭建好各类人才的任用和成长平台。我们要通过弘扬工匠精神，培育众多劳动者追求完美、勇于创新的精神，为实施创新驱动发展战略、推动产业转型升级奠定坚实基础,加快建设制造强国,推动经济高质量发展。

其三,弘扬工匠精神是培养尊崇劳动、积极奉献的社会风尚的具体实践。一个国家、一个民族的发展,离不开各行各业劳动者的共同推动。劳动者素质对一个国家、一个民族的发展至关重要。技术工人队伍是支撑中国制造、中国创造的重要基础,对推动经济高质量发展具有重要作用。这就要求我们倡导尊崇工匠精神的社会风尚,为弘扬工匠精神营造良好社会氛围。在弘扬工匠精神的同时,一定要坚持建立在自信基础上的创新和奉献,坚持持续打磨精湛的技术技艺;要形成相应体制机制,为劳模和技能人才发挥作用搭建宽广舞台,使他们在经济上有保障、发展上有空间、社会上有地位。

一 执着专注

我们发现,无论是德国还是日本,他们都把执着专注作为工匠精神的重要内容。他们的知名工匠经常是专注于一件事情,并一直坚持下去,锲而不舍,持之以恒。

(一)理解执着专注

执着是对自己选择的事情的坚持、持之以恒,但不是盲目专注,是对事情的深度钻研,越是专注越有成就。

(二)典型工匠代表

郭剑英——从事金相工作41年,积极进行技术革新,开发晶间腐蚀温控装置,解决晶间腐蚀微沸问题;开发钢管内壁研磨轮,提高制样速度十几倍;开发低温腐蚀温控装置,解决手动控温不便问题;等等。曾多次在国家物理测试刊物发表学术论文,在冶金工业产品脱碳层深度的检验、脱碳层式样制备、测定脱碳层深度划分等方面有较深的研究。编写金相分析相关培训教材,在全国培训120多名金相检验人员。作为技术专家,为17家冶金企业提供实验室咨询服务,曾获得“北京市有突出贡献的高技能人才”等荣誉称号。

李建国——从事厨师工作40年,在创新机关食堂烹饪技艺技法和节能降耗等方面做出突出贡献。“干一行,爱一行”,留心大锅菜烹饪方法的探索和总结,组织编写了《热菜卷》《凉菜卷》《自助餐副食卷》等中国大锅菜系列图书,收录656道菜谱,在注意菜肴烹饪中色、香、味的同时,还特别强调了菜的营养,把大锅菜做出“小炒”的滋味来。注重节能减排,对大锅灶进行设计改造,节能效果达到37.6%,每年节约燃气近2000立方米,曾获得“中国烹饪大师”“北京市有突出贡献的高科技人才”等荣誉称号及国家机关首届烹饪金牌。

二 精益求精

自古以来,工匠以炉火纯青、登峰造极的技艺,以一丝不苟、精益求精的工作态度,以孜孜不倦、精雕细琢的职业精神，见证着平凡中的崇高与伟大，谱写了人生辉煌的乐章。高尚的“工匠精神”是任何时代都绝不可缺少的。在当今社会，只有发扬工匠精神，才能拥有竞争的优势。作为职场人，传承和发扬工匠精神不仅是生存和发展的需要，更是生活精彩、人生出彩的辉煌。

（一）理解精益求精

精益求精就是从业者对每件产品、每道工序都凝神聚力、追求极致的职业品质。所谓精益求精，是指已经做得很好了，还要求做得更好，“即使做一颗螺丝钉也要做到最好”。正如老子所说：“天下大事，必作于细。”能基业长青的企业，无一不是精益求精才能获得成功的。

（二）典型工匠代表

作为河南中烟工业有限责任公司黄金叶制造中心制丝部的一名电气技术员，多年来，赵春元始终勤勤恳恳、兢兢业业地做好每一项工作，在平凡的岗位上默默地奉献。在他的眼里，工作就是以工匠的姿态铸就事业和人生。他时刻以敬、严、专、精这 4 个字为准则要求自己。

他对工作敬业，对同事和“竞争对手”敬重，对工匠之名尊敬，曾为“烟丝结构调整设备的研制”这一项目而忽略女儿的小学入学，正是这种近乎疯狂的钻研，使该项目为企业创造效益 500 余万元，且填补了行业内的空白。严：他对于产品质量问题从不马虎，亲自参与到现场的勘查和实施。对电工的相关工作的严格，带来了制丝部停机率逐年下降的改观；对自我的严格要求也促进了他在学术方面的多重成就。专：多年来，他始终把学习作为做好工作的首要条件，2010 年获得中国 PROFIBUS 现场总线技术工程师证书，参与撰写的《制丝设备电气维修》《Danfoss VLT 5000 系列变频器的应用和工作原理》相继出版，熟练 PLC 编程与国际先进技术无缝链接。精：他先后组织实施完成的多项技术改造和技术攻关项目，累计为企业节约成本、创造效益 3950 余万元。他本人先后获得“郑州市优秀技师”“郑州市知识型职工先进个人”“黄金叶生产制造中心首批大工匠”等荣誉称号。

三　一丝不苟

一丝不苟的精神，是一种不懈努力的精神，是一种不畏艰辛，勇于拼搏，不断攀登的精神。它可以使人们在追求目标的过程中，不断挑战自我，不断超越自我，不断取得新的成就。它可以使人们在遇到困难时，不放弃，勇于拼搏，不断攀登，最终达到目标。

（一）理解一丝不苟

作为通向精益求精的必要路径，一丝不苟主要体现在始终严格遵守工作规范和质量标准，兢兢业业做事，一板一眼工作，把每个操作要求和工作步骤都落实到位，不投机取巧，不寻求“捷径”,不敷衍了事,不放过任何一个细节和细微之处,确保操作结果符合标准甚至高于标准,没有瑕疵,不留缺憾。

(二)典型工匠代表

(1)建筑行业是精细行业,也是高危行业。当王学义开始从事公司安全技术管理工作时,他依旧以“匠人”执着、精益求精的精神要求自己,狠抓工程质量和安全管理工作。

“建筑行业是流动的,危险随时都在,警钟要时刻敲响,马虎不得,大意不得。”王学义深知肩上扛的责任重大,经常深入工地进行定期、不定期专项检查和季节性检查,特别是对春节后、开工前、雨季、冬期施工的项目的外架、临电、基坑等危险源进行专项排查。经常督促做好安全警示和防护工作,要求施工现场入口设置“六牌一图”,各危险源悬挂安全警示牌,机械设备安置处悬挂安全操作规程,时时处处提醒员工注意安全。“我对安全的管理,可以说是毫不留情的,有问题立马整改,必须坚持生命至上、安全第一!”正是因为王学义的严苛、不留情面,铜川市第一建筑工程有限责任公司多年并无安全质量事故发生。

“建筑行业关系百姓‘住得安全’的问题,容不得马虎,要想质量创优,必须标准先行。”对此,王学义积极推行标准化管理,督促项目部制定质量安全文明施工标准,坚持方案样板先行管理模式,在工程实施中实行“三检制”、监理复查、严格质量验收程序,做到样板标准化、管理制度化、检查程序化、安全防护工具化,确保了工程质量达到安全创优的目标。

正是凭借一丝不苟的精神,王学义从“门外汉”到“技术状元”,从“泥瓦匠”到“能工巧匠”。唯有不懈奋斗,才能创造幸福、实现梦想。王学义带着梦想与希望继续扬帆起航,以精益求精的工匠精神建造出更多新的精品工程。

(2)每每走近一车间卷包甲班 PT-8#机台,一尘不染的设备、干净整洁的地面、定置摆放的工具让人眼前一亮。一位个头不高、身材中等的中年男子正站在机台上熟练地操作设备。

他就是一车间卷包甲班 PT70 操作工陈敏。他的现场工具摆放整齐,卫生干净,可以说连烟灰都没有。有人问:“敏哥,我怎么感觉你也没忙什么,产量为什么这么高? 质量这么好?”陈敏说:“进班把设备检查好,该换的换,该扫的扫,该擦的擦,掌握好技术,学会工作,开机其实是件轻松简单的事。”的确,学好技术是基础,学会工作是关键。“道为正,术为正,则事半功倍”。

机器出故障时,他做的第一件事是“看”,用最短的时间“思”,再“调”,自己解决不了立马打电话叫修理工,整个过程井井有条。进厂 30 余年,陈敏的机台一直保持着整洁干净,如同他的工作服。他所在机台产量每月蝉联车间榜首,质量得分也是前三名。

习惯终将由表面浸润内心。陈敏的一丝不苟还体现在他的工作笔记上,每当维修工对设备进行轮保或是调试时,他总是守在设备前,一边帮维修工打下手,一边向他们提供各种设备运行状况信息,并及时就故障问题或设备调试问题向维修工请教。在他的坚持下,学习笔记已经记满 20 多个本子,工工整整的笔记如同行医手册一般,让人一目了然。

陈敏一丝不苟的工作习惯、细致踏实的作风不仅让自己深受其益,还感染了身边的同事,在他的影响和传授下,徒弟们都养成了良好的工作习惯。

四　追求卓越

被赋予“工匠”之称的劳动者,看似平凡普通,却拥有“化腐朽为神奇”的魔力,能够于细微之处彰显卓越,发挥着“其利虽微,却长久造福于世”的重要贡献。如今,“工匠”不只代表个人的修为与造诣,也彰显我国形象与时代气质,更是一种精神的诠释。

(一)理解追求卓越

卓越不是一个标准,而是一种境界。它是优中更优。卓越是一种追求,它在于将自身的优势、能力,以及所能使用的资源,发挥到极致的一种状态。

(二)典型工匠代表

一身浅灰色工装,一张文质彬彬的面孔,眉宇间满是专注,这就是全国道德模范、中国中车首席技能操作专家张雪松。他是中国第一代高铁工人,是“高铁工匠”的代表,工作 28 年来,他完成技术革新 109 项,撰写工艺文件和操作指导书 72 项,创造经济效益 300 多万元,并与团队一起攻克了铝合金车体生产中的一系列技术难题,助力中国高铁占领世界技术“制高点”。在他身上,我们可以看到“择一事终一生”的沉潜专注,期冀实现“尽善尽美”的精益求精,“偏毫厘不敢安”的一丝不苟,“山登绝顶我为峰”的卓越追求。这些品质,共同铸就成一流的技艺、一流的产业与不朽的永恒。

在 2 月 10 日进行的北京冬奥会单板滑雪女子 U 形场地技巧决赛中,来自黑龙江省的蔡雪桐获得第四名。北京冬奥会是蔡雪桐参加的第四届冬奥会,前三届她最好的名次是平昌冬奥会的第五名。作为冬奥会的四朝元老,蔡雪桐虽然在比赛中未能站上领奖台,但第四名的成绩再次刷新了自己参加冬奥会的最好成绩,并且在比赛中干净利索地完成了自己最高难度的动作,充分展现了中国运动员追求卓越、永不放弃的奥林匹克精神。在单板滑雪女子 U 形场地赛场,蔡雪桐拿过近三十个世界冠军,7 次赢得国际雪联世界杯总冠军,在 2021—2022 赛季的 U 形场地项目世界排名第一。

站在“两个一百年”奋斗目标的历史交汇点上,全社会都应大力弘扬工匠精神,让崇尚工匠精神的理念深入人心。新时代呼唤工匠精神。广大劳动者应争做工匠精神的践行者与传承者,鼓足干劲、闯劲、韧劲、钻劲,在本行业担大任、干大事、成大器、立大功,在全面建设社会主义现代化国家新征程中创造辉煌。

第五讲 劳动组织的形式与功能及劳动工资的形成

5

本讲概述

今天的大学生是明天各行各业的劳动者，面临着到哪儿工作，从事哪些劳动的人生选择。本讲介绍政府、企业、事业单位和社会组织等常见的劳动组织及其管理制度，同时介绍劳动收入的相关知识，便于学生选择适合自己的职业方向。

学习目标

1. 了解我国的主要劳动组织及其功能。
2. 理解劳动组织一般的运行方式。
3. 掌握工资待遇存在差异的内在原因。
4. 运用新的认识、结合个人的特长和兴趣，规划未来职业方向。

导入案例

“阳光调解”高效解决劳资纠纷①

2018年春节前夕，深圳宝龙街道来了一群40多人的“特殊的客人”，这是街道辖区内某医疗公司在外地建设项目讨薪的工人。为此，街道迅速成立调解专项工作组，最终相关公司主动与工人和材料商达成协议，先行预付1000万元工程款，工人们满意而归。“全力维护来深建设者的合法权益，努力构建和谐的劳资关系”，这是“全国劳动争议调解示范单位”——龙岗区宝龙街道作出的庄严承诺。

构建和谐的劳资关系是一项长远的工作，在宝龙街道成立一年多时间里，大胆探索出企业—社区—街道三级网络机制，建成劳动调解组织55个，拥有63名专职调解员和355名兼职调解员，覆盖辖区2000余家企业。更创新性地融入“互联网＋调解思路”，建立了“阳光调

① 邸继勇.“阳光调解”高效解决劳资纠纷：宝龙街道智能化系统切实为来深建设者服务[N].深圳特区报，2018-02-28(6).

解"一站式快速调解平台,有需求者只需在网上申请,便能获得专业调解员免费、可靠的调解服务,做到高效、快捷调处。

模块一　劳动组织的形式与功能

现代社会运行机制是指按不同属性建立的社会组织与社会相互作用的稳定模式。其中,劳动组织通常是指人们为了达到特定的共同目标,按照一定的原则、制度、系统建立起来的共同活动集体。劳动组织的形式通常包括政府、企业、事业单位及社会组织。

一　政府

(一)政府的概念与分级

政府是通过一定政治程序建立的、在特定区域行使立法权、司法权和行政权的实体。政府除了对辖区内居民负有政治责任外,还参与辖区内非市场性社会生产和公共事业活动,从事非市场性财富分配。

政府按辖区划分,在狭义上是指中央政府的各部、委、办及其附属机构,在广义上是指中央政府 + 各级地方政府及其附属机构;按功能划分,在狭义上是指各级的行政机关及其附属机构,在广义上是指行政、立法、司法的总和。一国的中央政府,行使国家最高权力,进行政治治理并管理社会公共事务。

中华人民共和国全国人民代表大会是我国最高权力机关,它的常设机关是全国人民代表大会常务委员会。全国人民代表大会和全国人民代表大会常务委员会行使国家最高立法权。中华人民共和国国务院,即中央人民政府,是我国最高权力的执行机关,是最高国家行政机关,实行总理负责制。

省、直辖市、县、市、市辖区、乡、民族乡、镇设立人民代表大会和人民政府。自治区、自治州、自治县设立自治区、自治州、自治县的人民代表大会和人民政府。地方各级人民代表大会是地方国家权力机关。地方各级人民政府是地方各级国家权力机关的执行机关,是地方各级国家行政机关,实行省长、市长、县长、区长、乡长、镇长负责制。

我国实行中国共产党领导下的中国特色社会主义制度,各级政府在党的领导下,依法施政、依法治国。

(二)政府的管理

1. 全心全意为人民服务

中国特色社会主义制度下,各级政府是为管理社会、服务人民而建立的。2018 年 2 月,

《中共中央关于深化党和国家机构改革的决定》(中发〔2018〕11号)印发,要求坚持以人民为中心。全心全意为人民服务是党的根本宗旨,实现好、维护好、发展好最广大人民根本利益是党的一切工作的出发点和落脚点。必须坚持人民主体地位,坚持立党为公、执政为民,贯彻党的群众路线,健全人民当家作主制度体系,完善为民谋利、为民办事、为民解忧、保障人民权益、倾听人民心声、接受人民监督的体制机制,为人民依法管理国家事务、管理经济文化事业、管理社会事务提供更有力的保障。

2. 深化党和国家机构改革

深化党和国家机构改革,遵循坚持优化协同高效的原则。优化就是要求科学合理、权责一致,协同就是有统有分、有主有次,高效就是履职到位、流程通畅。坚持问题导向,聚焦发展所需、基层所盼、民心所向,优化党和国家机构设置和职能配置,坚持一类事项原则上由一个部门统筹、一件事情原则上由一个部门负责,加强相关机构配合联动,避免政出多门、责任不明、推诿扯皮,从而破除制约改革发展的体制机制弊端,使党和国家机构设置更加科学、职能更加优化、权责更加协同、监督监管更加有力、运行更加高效。

3. 制定规范的管理制度

各级政府的职能通过公务员队伍履行。公务员是指依法履行公职、纳入国家行政编制、由国家财政负担工资福利的工作人员。公务员是干部队伍的重要组成部分,是社会主义事业的中坚力量,是人民的公仆。2018年修订的《中华人民共和国公务员法》第十四条,公务员应当履行下列义务:①忠于宪法,模范遵守、自觉维护宪法和法律,自觉接受中国共产党领导;②忠于国家,维护国家的安全、荣誉和利益;③忠于人民,全心全意为人民服务,接受人民监督;④忠于职守,勤勉尽责,服从和执行上级依法作出的决定和命令,按照规定的权限和程序履行职责,努力提高工作质量和效率;⑤保守国家秘密和工作秘密;⑥带头践行社会主义核心价值观,坚守法治,遵守纪律,恪守职业道德,模范遵守社会公德、家庭美德;⑦清正廉洁,公道正派;⑧法律规定的其他义务。

公务员领导职务根据宪法、有关法律和机构规格设置。领导职务层次分为:国家级正职、国家级副职、省部级正职、省部级副职、厅局级正职、厅局级副职、县处级正职、县处级副职、乡科级正职、乡科级副职。

公务员职级在厅局级以下设置。综合管理类公务员职级序列分为:一级巡视员、二级巡视员、一级调研员、二级调研员、三级调研员、四级调研员、一级主任科员、二级主任科员、三级主任科员、四级主任科员、一级科员、二级科员。

二 企业

(一)企业的概念与分类

企业是指从事生产、流通或服务等经济活动,实行自主经营、自负盈亏,具有独立法人资格的经济组织。企业是个历史性概念,它是在社会生产力发展到一定水平,随着商品经济的发展,为解放生产力,克服个体生产的自发性和落后状态,适应社会化大生产的新形势而成长壮大起来的新型劳动组织。它是在商品经济范畴内,作为劳动组织单元的多种模式之一,按照一定的组织规律,有机构成的经济实体。企业一般以营利为目的,以实现投资人、客户、员工、社会大众的利益最大化为使命,通过提供产品或服务换取收入。企业是市场经济活动的主要参与者。在社会主义市场经济体制下,各种企业并存共同构成社会主义市场经济的微观基础。

在我国,按生产资料所有制形式,企业可以分为全民所有制企业、集体所有制企业、私营企业、合营企业、外资企业和混合股份制企业。按生产要素所占比重,企业可以分为劳动密集型企业、资金密集型企业和知识密集型企业。按股东承担责任,企业可以分为无限责任公司、有限责任公司和股份有限公司。

(二)企业的管理

1. 现代企业制度

现代企业制度是指适应现代社会化大生产和市场经济体制要求的一种企业制度,是以市场经济为基础,以企业法人制度为主体,以公司制度为核心,以产权清晰、权责明确、政企分开、管理科学为条件的新型企业制度。

2. 合理配置生产要素

把企业现有的劳动资料、劳动对象、劳动者和生产技术等生产要素合理地组织到一起,并恰当地协调要素间的关系,使企业生产组织合理化,从而实现物尽其用、人尽其才。

3. 不断改进生产技术

通过技术创新改造生产工艺、生产流程,提高生产效率;通过优化商业模式释放企业活力,提高员工的积极性,发挥员工的创造性。

4. 建立激励约束机制

激励方式包括物质激励和非物质激励,前者包括薪资激励、福利激励、股权激励等,后者包括职业发展、带薪休假、荣誉激励等。约束机制包括公司规章制度、组织机构约束、合同约束等。

5. 建立优秀的企业文化

优秀的企业文化使员工具有共同的价值观,使员工的个人行为与企业整体战略统一起来,朝着共同的目标努力。同时,企业文化具有约束功能,能够促进员工形成内在的行为准则,进行自我约束。

三 事业单位

(一)事业单位的概念与分类

事业单位是指国家为了社会公益目的,由国家机关举办或者其他组织利用国有资产举办的，从事教育、科技、文化、卫生等活动的社会服务组织。事业单位是经济社会发展中提供公益服务的主要载体。但从事社会服务事业、带有公益属性的实体不一定都是事业单位。例如，民办学校、私立医院等，这些实体虽从事社会公共事业服务、按一定规则接受政府公益机构管理，却是利用社会力量及私有资产举办、多数以营利为目的、内部实行“半企业化”管理的社会组织。

《中共中央 国务院关于分类推进事业单位改革的指导意见》(中发〔2011〕5号)指出，事业单位分类改革是指将现有事业单位按照社会功能划分为承担行政职能、从事生产经营活动和从事公益服务三个类别。对承担行政职能的，逐步将其行政职能划归行政机构或转为行政机构；对从事生产经营活动的，逐步将其转为企业；对从事公益服务的，继续将其保留在事业单位序列，强化其公益属性。

根据职责任务、服务对象和资源配置的不同，从事公益服务的事业单位又被划分为两类：承担义务教育、基础性科研、公共文化、公共卫生及基层的基本医疗服务等基本公益服务，不能或不宜由市场配置资源的，划入公益一类；承担高等教育、非营利性医疗等公益服务，可部分由市场配置资源的，划入公益二类。

(二)事业单位的管理

1. 建立健全法人治理结构

我国面向社会提供公益服务的事业单位，多年来实行的是政府领导下的行政管理模式。在公共事业市场化趋势的新形势下，正探索建立独立法人体系的理事会、董事会、管委会等各种形式的治理结构改革，以健全决策、执行和监督机制，提高运行效率，确保公益目标实现。

2. 深化人事制度改革

针对我国事业单位多年来存在人浮于事等弊端，我国当前正进行以转换用人机制和搞活用人制度为核心，以健全聘用制度和岗位管理制度为重点，建立权责清晰、分类科学、机制灵活、监管有力的事业单位人事管理制度改革。

3. 深化收入分配制度改革

以完善工资分配激励约束机制为核心，健全符合事业单位特点、体现岗位绩效和分级分类管理要求的工作人员收入分配制度。

四 社会组织

(一)社会组织的概念与分类

社会组织不从事营利性经营活动，包括社会团体、基金会和社会服务机构三类。

社会团体，是指由中国公民自愿组成，为实现会员共同意愿，按照其章程开展活动的非营利法人单位。国家机关以外的组织可以作为单位会员加入社会团体，如中国消费者协会、中国志愿服务联合会、中国高等教育学会等。

基金会，是指利用自然人、法人或其他组织捐赠的财产，以提供扶贫、济困、扶老、救孤、恤病、助残、救灾、助医、助学、优抚等公益服务为核心，促进教育、科学、文化、卫生、体育事业发展，防治污染等公害和保护、改善生态环境，推动社会公共设施建设等公益慈善事业为目的，按照其章程开展活动的非营利性法人单位，如中国妇女发展基金会、中国青年创业就业基金会、中华环境保护基金会等。

社会服务机构，是指自然人、法人或其他组织为了公益目的，利用非国有资产捐助举办，按照其章程提供社会服务的非营利法人，如广西佳和社会工作服务中心、上海杨浦阳光社区服务管理中心、云南省镇雄蓝豹应急救援中心等。

（二）社会组织的管理

1. 人事管理机制

社会组织领导人的素质如何，直接关系到内部管理的成效，其中以理事长和秘书长为首的领导决策者或机构和管理执行者或机构是社会组织的核心。社会组织的人事管理机制主要由选拔、考核、薪酬等机制构成。

2. 财务管理机制

社会组织的资金更多地来自组织外部，如社会捐赠、政府购买服务等。因此，社会组织在运作过程中需要严格贯彻“利润非分配”原则，建立健全财务管理机制。

3. 议事决策机制

社会组织的议事决策机制以理事会决策为核心。作为民主制度的产物，社会组织在议事决策中坚持民主化，将民主视为议事决策的基石。当然，在民主性指导下，社会组织的内部议事与决策机制还体现在科学性与专业性上，如引入外部独立理事，合理控制理事会人员规模，建立并严格执行决策制度和程序，防止决策缺乏专业性，以使组织决策更加客观、有效。

模块二　劳动工资的形成要素

在市场经济条件下，劳动者的劳动能力及劳动成果已高度商品化，其付出的劳动及劳动成果理应得到相应价值的合理回报。但有的劳动者及其劳动成果工资高，有的劳动者及其劳动成果工资低，到底是什么原因造成的呢？

一 劳动的供给与需求

(一)劳动的供给

在劳动高度商品化的市场,劳动价值受市场规律影响,就供给方面来说,由三个主要因素决定,一是单个劳动者的劳动时长,二是整个社会进入就业市场的劳动者数量,三是单个劳动者单位时间内的劳动能力和劳动成果。

从整个社会来看,广义的劳动供给是指整个社会的全部人口,狭义的劳动供给是指适龄的、有劳动能力且能够进入就业市场的人数。一个社会有多个年龄段的人口,少年儿童和一些老年人不能进入劳动力市场,在家操持家务的中年人、现役军人、劳教人员和病残者等群体也不能进入劳动力市场。在某个时点上,整个社会的总人数减去以上人数就是整个社会可以提供的劳动力总数。一般来说,整个社会的劳动力数量越多,单个劳动力的劳动时长越多,整个社会的劳动产出就越多,而单个劳动者单位时间的劳动能力越高,其创造的价值也就越高。

(二)劳动的需求

劳动的需求是指企业和行业希望且能够雇佣的劳动力数量。所有组织和企业的劳动需求总和构成了社会的劳动需求。影响劳动需求的三个主要因素为经济规模、产业结构和经济增长情况。

1. 经济规模

一个地区或国家的经济规模较小,需求的劳动力数量也相应较少。当经济规模不断变大时,需求的劳动力数量就会相应增加。今天的中国与改革开放前相比,经济规模明显变大,各行业均需要大量从业人员,随着中国人口老龄化的到来,中国加大从国外引进劳务人员的力度,周边国家的一些剩余劳动力逐渐到中国就业并获得收入。

2. 产业结构

在一个国家的所有产业中,有些是劳动密集型的,有些是资本密集型的,有些是技术密集型的。一个国家如果以劳动密集型产业为主,那么就需要大量的劳动力;如果以资本密集型或技术密集型为主,那么对劳动力的需求就相对较少。一般而言,发展中国家的总体技术水平有限,劳动密集型产业较多,对劳动力的需求较大。随着国家产业升级和经济发展,劳动密集型产业在经济中的比重逐渐减小,资本密集型和技术密集型产业在经济中的比重逐渐增大,在劳动力跨行业转移的同时,整个社会对劳动力的需求总量少于之前,对劳动能力较高的劳动者需求量会逐步提升,剩余劳动力或走出国门到其他国家就业,或处于失业状态。

3. 经济增长情况

当经济快速增长、繁荣发展时,需要的劳动力数量增加,会出现劳动力短缺的情况。当经济下滑,步入衰退或萧条阶段时,企业产品积压,普遍压缩生产规模并裁员,对劳动力的需求相应减少。

(三)供给与需求的平衡

劳动力市场均衡是指劳动力需求约等于劳动力供给。在充分竞争的劳动力市场中,经过供需双方的讨价还价,最终会有一个相对均衡的工资水平。

劳动力市场均衡只是理论上的,现实中很难精确地知悉均衡点在哪里,也没有哪个均衡点会长期不变,而且不同能力层次、不同区域的劳动力市场的均衡点也不同。人们只能大致估算均衡的供求数量和工资水平,通过理论意义上的均衡结果进行相关决策,劳动者也只能在不同能力层次中选择降低职业层次、降低工资期望值或跨区域就业。

二　劳动工资差异的形成

(一)不同行业与工资的关系

1. 工作所创造的价值

有些工作创造的价值大,所以劳动者的收入多;有些工作创造的价值小,所以劳动者的收入少。一项工作创造的价值取决于该工作对特定人或特定人群的价值。比如,研发一种新的特效药对某一类患者意义重大,研发人员和生产人员将因此获得高收入。

通常而言,一项工作惠及的人群越大,从业人员的收入就越高。当然,政治家、教授同时为多人服务,工资水平却相对不高,这主要是他们收获了名望、个人满足感,这些可以在一定程度上替代金钱收入。

2. 职业门槛与个人天赋

有些工作需要一定的天赋,如唱歌、画画和一些体育运动,天赋出众者可以轻松地赢得公众喜爱,获得更多的关注和收入。普通人从事这些工作只能取得普通的成就,无法达到专业水准,收入相对有限。比如,篮球运动,身高体壮者适合以此为业,身矮体瘦者可以将此作为爱好,以此为业则没有竞争优势,也不会获得较高的收入。再如,程序员、技术员等职业有一定的专业门槛,从业者需要有较强的逻辑思维能力和专业技术能力。

相反,另一些工作不需要特殊的天赋,只需要普通的劳动能力即可,如办公室文员、超市收银员、银行前台工作人员、保险销售员等,这些工作的收入与天赋无关,与个人工作态度、服务质量和勤奋程度有关。

3. 补偿性工资差异

补偿性工资是指能力和受教育程度相同的劳动者,因为工作条件不同而产生的工资差别,这种工资差异是对较差工作条件的补偿。

有些工作轻松、有趣、安全,相对省力,对身体健康影响小,有些工作艰苦、枯燥、危险,相对费力，对身体健康影响大，后者的工资水平一般会高于前者，这种工资差异即补偿性工资。比如，在同一个工厂同一类岗位的工作人员中，夜班人员的工资高于白班人员的工资，因为夜班工作更辛苦。同样是体力劳动，煤矿工人的工资一般高于小区保洁员的工资，因为煤矿工作危险程度更大；同样是脑力劳动，电脑程序员的工资一般高于杂志编辑的工资，律师和医生的工资一般高于教授的工资，因为程序员、律师和医生的工作更有挑战性，风险更大，而编辑的工作相对稳定，教授的工作多为兴趣推动，可以实现学术和个人满足。

（二）不同地区与工资的关系

地区间工资差异是指同一个人在不同的地区做同样的工作，工资水平却不同，这种工资差异主要是由地区差异造成的。比如，在 2020 年的中国，一个人在河南的某个小县城做餐厅收银员，月收入一般在 2000 元以下；如果在北京、上海或广州等一线城市做餐厅收银员，月收入一般在 4000 元以上。再如，同一个员工在企业注册地工作是一种工资水平，在外地或海外分公司工作是另一种工资水平。

表 5-1 显示的是截至 2023 年 1 月 1 日全国各地区月最低工资标准，可以看出，无论是月最低工资标准还是小时最低工资标准，北京、上海及江浙地区、珠三角地区普遍较高，西部地区相对较低。安徽、江西和黑龙江的最低工资标准也较低，这与当地的经济发展水平紧密相关。

全国各地区月最低工资标准（单价：元） 表 5-1

地区	第一档	第二档	第三档	第四档	地区	第一档	第二档	第三档	第四档
北京	2320				湖北	2010	1800	1650	1520
天津	2180				湖南	1930	1740	1550	
河北	2200	2000	1800		广东	2300	1900	1720	1620
山西	1880	1760	1630		深圳	2360			
内蒙古	1980	1910	1850		广西	1810	1580	1430	
辽宁	1910	1710	1580	1420	海南	1830	1730	1680	
吉林	1880	1760	1640	1540	重庆	2100	2000		
黑龙江	1860	1610	1450		四川	2100	1970	1870	
上海	2590				贵州	1790	1670	1570	
江苏	2280	2070	1840		云南	1900	1750	1600	
浙江	2280	2070	1840		西藏	1850			
安徽	1650	1500	1430	1340	陕西	1950	1850	1750	
福建	2030	1960	1810	1660	甘肃	1820	1770	1720	1670
江西	1850	1730	1610		青海	1700			
山东	2100	1900	1700		宁夏	1950	1840	1750	
河南	2000	1800	1600		新疆	1900	1700	1620	1540

数据来源：人力资源和社会保障部公开资料。

(三)受教育程度与工资的关系

社会上经常有“读书无用”的论调,用一些个案否认读书的重要性,如小张没上几年学,现在收入很高;小李学历很高,收入却很低。这些个案被人们津津乐道,久而久之,也成为一些学生不想好好读书的借口。这种论证方法可以说明一些问题,但并不全面,具有误导性。大样本的研究表明,读书是有用的,至少读书对大多数人是有用的,可以提高工资水平。

为什么受教育年限越多,工资水平普遍越高呢?第一种解释是,受教育年限多,意味着受教育程度高,劳动者边际生产率相应较高,就业单位愿意为此支付高工资。第二种解释是,受教育程度高意味着劳动者能力高,毕竟能力高才能通过重重考试,进入较高的学习阶段,受教育程度或学历是一种能力信号,就业单位愿意为高能力支付高工资。

(四)工作年限与工资的关系

一般来说,同一单位的同一岗位,工作年限越长,工资待遇越高。这是因工作经验、工作效率和工作能力的差异而产生的,即便是在工厂实行计件工资制,工作年限较长者也因工作技能的娴熟,单位时间内产出较多、出错率较低,异常情况处置能力较强,而获得的工资待遇较高。在难以量化工作价值的单位,为体现这种差异,通常采用工龄工资、定期晋级的方式来给予补偿,如教师、公务员等。

第六讲 劳动安全的内涵与管理

6

本讲概述

劳动者在生产劳动过程中,可能会面临各种风险或伤害,将对劳动者本人、家庭和社会造成巨大的影响。学习和掌握基本的劳动安全知识,可以有效避免或减少安全事故和职业病,从而保护劳动者的人身安全和心理健康。

学习目标

1. 了解劳动安全基本概念、常见安全设施和我国当前安全生产形势。
2. 理解劳动安全制度的基本内容和主要作用。
3. 掌握劳动者在安全生产方面的权利和义务。
4. 运用国家安全法规维护劳动者合法权益。

导入案例

安全生产重于泰山①

部分行业领域事故多发背后,有安全基础较薄弱、隐患整改不彻底等老问题,也有疫情影响持续、企业困难较大与季节性灾害、高温多雨等多种因素叠加带来的新挑战。以化工行业为例,此前受疫情影响,需求降低、库存上升、效益下滑,一些企业维持装置低负荷运行甚至频繁开停车,这种设备运行状态的改变可能引发故障;加之夏季持续高温,各种可燃易燃危化品容易挥发,一旦管控不到位,也可能酿成事故。不仅是化工行业,面对经营压力,有的企业减少安全投入、压减相关员工数量,有的为了赶进度、抢工期开足马力,导致员工劳动强度过大。凡此种种,都可能带来风险隐患。

生命重于泰山,安全生产任何时候都只能加强不能削弱。越是非常时期,越要把安全生产摆在重要位置,绷紧弦、不松劲,拿出更多针对性、操作性强的举措,坚决遏制重特大事故发生。“备豫不虞,为国常道”。面对严峻复杂的安全生产形势,相关部门和企业要齐抓共

---

① 丁怡婷. 安全生产重于泰山[N]. 人民日报,2020-07-01(18).

管、实干巧干，把"安全阀"拧得更紧更牢。

模块一　劳动安全的内涵

安全是人类生存与发展的最基本要求，是生命与健康的基本保障。安全生产是保护劳动者安全健康、保证企业和国民经济持续发展的基本条件。改革开放以来，伴随我国经济发展而频繁发生的安全生产事故，不仅造成了国家财产和公民生命的巨大损失，严重制约了我国经济的平稳发展，而且与我国当前构建和谐社会的目标相悖。如果社会的经济发展是以生命为代价的，那么这样的发展显然和"以人为本"的科学发展观背道而驰，所谓的可持续发展也就失去了原来的意义。因此，"安全第一"是生产劳动的永恒课题。

一　劳动安全的基本概念

（一）劳动安全的产生和定义

劳动安全又称职业安全，《中华法学大辞典·劳动法学卷》中将其定义为：为保护劳动者在生产劳动过程中的安全，防止或消除伤亡事故所采取的各种安全措施。劳动安全属于劳动保护的范畴，其目的是防止危及劳动者人身安全或造成重大财产损失的事故发生，保障劳动者在生产劳动过程中人身安全，免受职业伤害的权益，保护单位实体财产免受重大损失。广义的劳动安全包括人身安全、健康安全和财产安全，这里不讨论财产安全。

《职业安全卫生术语》（GB/T 15236—2008）将本质安全定义为：通过设计等手段使生产设备或生产系统本身具有安全性，即使在误操作或发生故障的情况下也不会造成事故。通俗来讲，就是通过技术措施，在人为操作失误或发生故障时仍能确保安全，或者系统能够自动阻止错误操作的发生。比如，当洗衣机盖板打开后，电机会立即停止转动，从而避免事故发生。工厂里传动装置的保护罩、电气线路中的漏电保护等都是为了本质安全而设立的。因此，本质安全是预防事故的最高境界。

由于受到生产技术手段制约和商品生产中追求极限利润和降低投入成本的诱惑，通过加大投入力度或技术措施保障安全常常被企业刻意忽视，减少安全隐患只能通过适当的制度规范来实现。劳动者在生产活动中保障自身安全，多数时候很难依靠企业的自觉或自发调节来实现。

因此，只要人们从事劳动生产，劳动安全问题的发生就不可避免，尤其是当生产以谋利为目的时，政府对劳动安全的监管也就成为必然。我国劳动安全问题主要集中在工矿生产领域，尤其是众多的煤炭生产企业是劳动安全事故的多发地带。无论是瓦斯爆炸、透水事故还是矿井坍塌的发生，除了其中人为违规操作的因素外，多数是由安全生产投入不足造成的。

进入21世纪以来,我国重大、特大安全事故频繁发生。全国平均每年发生一次死亡10人以上的事故约100起,一次死亡3人以上的事故每天都有发生。从2004年10月中旬到2005年12月上旬,全国相继发生了6起涉难百人以上的煤矿事故。2005年全国发生一次死亡10人以上的重特大事故134起,比上年增加了3起,死亡人数增加17%。2006年,全国共发生一次死亡10人以上的特大事故95起,死亡1570人。这些群死群伤的事故主要集中在矿山行业和交通运输行业。以煤矿为例,我国几起特别重大事故震惊中外。2004年10月20日,河南大平煤矿瓦斯爆炸事故死亡148人;2004年11月28日,陕西铜川陈家山煤矿瓦斯爆炸事故死亡166人;2005年2月14日,阜新矿业(集团)四公司海州立井的特大瓦斯爆炸事故死亡214人。

(二)劳动事故的主要分类

《卫生学大辞典》将事故定义为:在劳动过程中意外发生的设备损坏和人身伤亡的统称。《企业职工伤亡事故分类》(GB/T 6441—1986)将事故分为二十大类,分别为物体打击、车辆伤害、机械伤害、起重伤害、触电、淹溺、灼烫、火灾、高处坠落、坍塌、冒顶片帮、透水、放炮、火药爆炸、瓦斯爆炸、锅炉爆炸、容器爆炸、其他爆炸、中毒和窒息、其他伤害。该分类适用于企业职工伤亡事故统计工作。

(三)职业卫生

《职业安全卫生术语》(GB/T 15236—2008)中将职业卫生定义为:以职工的健康在职业活动过程中免受有害因素侵害为目的的工作领域及在法律、技术、设备、组织制度和教育等方面所采取的相应措施。其目的是预防和保护劳动者免受职业性有害因素所致的健康影响和危险,使工作适应劳动者,促进和保障劳动者在职业活动中的身心健康和社会福利。

习近平总书记在党的十九大报告中提出实施健康中国战略,这是新时代健康卫生工作的纲领。2016年中共中央、国务院印发了《"健康中国2030"规划纲要》(中发〔2016〕23号),提出要遵循"健康优先"的原则,把健康摆在优先发展的战略地位,也明确指出要强化安全生产和职业健康。2019年,健康中国行动推进委员会发布了《健康中国行动(2019—2030年)》等相关文件,提出将开展15个重大专项行动,其中实施职业健康保护行动是重大专项行动之一。

二 安全设施的主要分类

安全设施是指企业在生产经营活动中,将危险、有害因素控制在安全范围内,以及减少、预防和消除危害所配备的装置、设备和采取的措施。安全设施分为预防事故设施、控制事故设施和减少与消除事故影响的设施三类。

（一）预防事故设施

1. 检测、报警设施

（1）压力、温度、液位、流量、组分等报警设施；

（2）可燃气体、有毒有害气体等检测和报警设施；

（3）用于安全检查和安全数据分析等检验、检测和报警设施。

2. 设备安全防护设施

（1）防护罩、防护屏、负荷限制器、行程限制器、制动、限速、防雷、防潮、防晒、防冻、防腐、防渗漏等设施；

（2）传动设备安全闭锁设施；

（3）电气过载保护设施；

（4）静电接地设施。

3. 防爆设施

（1）各种电气、仪表的防爆设施；

（2）阻隔防爆器材、防爆工具。

4. 作业场所防护设施

作业场所防护设施包括防辐射、防触电、防静电、防噪声、通风（除尘、排毒）、防护栏（网）、防滑、防灼烫等设施。

5. 安全警示标志

（1）包括各种指示、警示作业安全和逃生避难及风向等警示标志、警示牌、警示说明；

（2）厂内道路交通标志。

（二）控制事故设施

1. 泄压和止逆设施

（1）用于泄压的阀门、爆破片、放空管等设施；

（2）用于止逆的阀门等设施。

2. 紧急处理设施

（1）紧急备用电源、紧急切断等设施；

（2）紧急停车、仪表连锁等设施。

（三）减少与消除事故影响的设施

1. 防止火灾蔓延设施

（1）阻火器、防火梯、防爆墙、防爆门等隔爆设施；

(2)防火墙、防火门等设施;

(3)防火材料涂层。

2. 灭火设施

灭火设施包括灭火器、消火栓、高压水枪、消防车、消防管网、消防站等。

3. 紧急个体处置设施

紧急个体处置设施包括洗眼器、喷淋器、应急照明等设施。

4. 逃生设施

逃生设施包括逃生安全通道(梯)等。

5. 应急救援设施

应急救援设施包括堵漏、工程抢险装备和现场受伤人员医疗抢救装备。

6. 劳动防护用品的装备

劳动防护用品的种类很多,包括头部、面部、视觉、呼吸、听觉器官、四肢、身躯防火、防毒、防烫伤、防腐蚀、防噪声、防光射、防高处坠落、防砸击、防刺伤等免受作业场所物理、化学因素伤害的劳动防护用品和装备。

各类劳动防护用品是保障劳动者安全和健康的最后一道防线,企业应严格按照国家有关规定向劳动者发放、维护、更换劳动防护用品,并对劳动者进行相关培训。劳动者也需要在生产劳动过程中正确使用和佩戴劳动防护用品。

模块二　劳动安全管理方法

我国在劳动安全领域形成了比较完善的法律法规体系,在推进安全生产法治建设、改善作业场所职业卫生条件、保障劳动者职业安全和健康权益等方面发挥了重要的作用。

一　安全生产法

(一)立法目的

2021 年全国人民代表大会常务委员会对《中华人民共和国安全生产法》进行了第三次修正,目的是加强安全生产工作,防止和减少生产安全事故,保障人民群众生命和财产安全,促进经济社会持续健康发展。该法对加强我国安全生产法治建设、加强监督、规范经营、遏制事故、保障人民生命安全、促进经济发展和社会稳定具有深远的意义。

(二)主要内容

该法明确规定:安全生产工作应当以人为本,坚持人民至上、生命至上,把保护人民生命安全摆在首位,树牢安全发展理念,坚持安全第一、预防为主、综合治理的方针,从源头上防范化解重大安全风险。安全生产工作实行管行业必须管安全、管业务必须管安全、管生产经营必须管安全,强化和落实生产经营单位主体责任与政府监管责任,建立生产经营单位负责、职工参与、政府监管、行业自律和社会监督的机制。总的方针是:安全第一、预防为主、综合治理。主要内容如下。

1. 生产经营单位的安全生产保障

生产经营单位必须遵守本法和其他有关安全生产的法律、法规,加强安全生产管理,建立健全全员安全生产责任制和安全生产规章制度,加大对安全生产资金、物资、技术、人员的投入保障力度,改善安全生产条件,加强安全生产标准化、信息化建设,构建安全风险分级管控和隐患排查治理双重预防机制,健全风险防范化解机制,提高安全生产水平,确保安全生产。生产经营单位的主要负责人是本单位安全生产第一责任人,对本单位的安全生产工作全面负责。其他负责人对职责范围内的安全生产工作负责。

2. 从业人员的安全生产权利义务

从业人员有依法获得安全生产保障的权利,并应当依法履行安全生产方面的义务。生产经营单位与从业人员订立的劳动合同,应当载明有关保障从业人员劳动安全、防止职业危害的事项,以及依法为从业人员办理工伤保险的事项。生产经营单位不得以任何形式与从业人员订立协议,免除或者减轻其对从业人员因生产安全事故伤亡依法应承担的责任。

从业人员有权了解其作业场所和工作岗位存在的危险因素、防范措施及事故应急措施,有权对本单位的安全生产工作提出建议,当发现直接危及人身安全的紧急情况时,有权停止作业或者在采取可能的应急措施后撤离作业场所。生产经营单位不得因从业人员在前款紧急情况下停止作业或者采取紧急撤离措施而降低其工资、福利等待遇或者解除与其订立的劳动合同。因生产安全事故受到损害的从业人员,除依法享有工伤保险外,依照有关民事法律尚有获得赔偿的权利的,有权提出赔偿要求。在作业过程中,从业人员应当严格落实岗位安全责任,遵守本单位的安全生产规章制度和操作规程,服从管理,正确佩戴和使用劳动防护用品;接受安全生产教育和培训,掌握本职工作所需的安全生产知识,提高安全生产技能,增强事故预防和应急处理能力。从业人员发现事故隐患或者其他不安全因素时,应当立即向现场安全生产管理人员或者本单位负责人报告;接到报告的人员应当及时予以处理。工会有权对建设项目的安全设施与主体工程同时设计、同时施工、同时投入生产和使用进行监督,提出意见,等等。

3. 安全生产监督管理

国务院和县级以上地方各级人民政府应当根据国民经济和社会发展规划制定安全生

产规划，建立健全安全生产工作协调机制，支持、督促各有关部门依法履行安全生产监督管理职责，及时协调、解决安全生产监督管理中存在的重大问题。县级以上地方各级人民政府应当组织有关部门建立完善安全风险评估与论证机制，按照安全风险管控要求，进行产业规划和空间布局，并对位置相邻、行业相近、业态相似的生产经营单位实施重大安全风险联防联控。各级人民政府应当加强安全生产基础设施建设和安全生产监管能力建设。

乡镇人民政府和街道办事处，以及开发区、工业园区、港区、风景区等应当明确负责安全生产监督管理的有关工作机构及其职责，加强安全生产监管力量建设，按照职责对本行政区域或者管理区域内生产经营单位安全生产状况进行监督检查，协助人民政府有关部门或者按照授权依法履行安全生产监督管理职责。

各级政府的应急管理部门和对有关行业、领域的安全生产工作实施监督管理的部门，统称负有安全生产监督管理职责的部门。负有安全生产监督管理职责的部门应当相互配合、齐抓共管、信息共享、资源共用，依法加强安全生产监督管理工作。

对新兴行业、领域的安全生产监督管理职责不明确的，由县级以上地方各级人民政府按照业务相近的原则确定监督管理部门。

企业工会依法对本单位的安全生产工作进行监督。发挥社会和舆论监督作用，鼓励对安全生产违法行为的举报及管理，对安全生产守信单位采取激励措施。

4. 安全生产事故

安全生产事故是指生产经营单位在生产经营活动中发生的造成人身伤亡或者直接经济损失的事故。对生产安全事故的认定坚持四原则：一是严格依法认定、适度从严的原则；二是从实际出发，适应我国当前安全管理的体制机制，事故认定范围不宜做大的调整；三是有利于保护事故伤亡人员及其亲属的合法权益，维护社会稳定；四是有利于加强安全生产监管职责的落实，消灭监管盲点，促进安全生产形势的稳定好转。

《生产安全事故报告和调查处理条例》规定，根据造成的人员伤亡或者直接经济损失将生产安全事故分为四个等级（表 6-1），该分类适用于安全生产事故报告和调查处理。

生产安全事故等级划分 表 6-1

等级	伤亡或损失情况		
	死亡人数	重伤人数	直接经济损失
特别重大事故	30 人以上	100 人以上	1 亿元以上
重大事故	10 人以上 30 人以下	50 人以上 100 人以下	5000 万元以上 1 亿元以下
较大事故	3 人以上 10 人以下	10 人以上 50 人以下	1000 万元以上 5000 万元以下
一般事故	3 人以下	10 人以下	1000 万元以下

国家机关、事业单位、人民团体和生产企业发生事故的报告和调查处理，按《生产安全事故报告和调查处理条例》的规定，逐级上报、组织应急救援，按管辖权限及事故等级，由

政府职能部门组成联合调查组进行事故调查，查明原因，明确责任，给予相应的行政或经济处罚；涉及犯罪的，由公安机关对事故发生单位及其相关人员进行立案侦查，依照刑法和刑事诉讼法规定，移交司法机关，追究刑事责任。其中：在结案后认定事故性质属于刑事案件或者治安管理案件的，应由公安机关出具证明，按照公共安全事件处理；在结案后认定不属于刑事案件或者治安管理案件的，包括因事故，相关单位、人员涉嫌构成犯罪或者治安管理违法行为，给予立案侦查或者给予治安管理处罚的，均属于生产安全事故。

5. 安全生产的法律责任

发生严重安全事故，除对单位进行经济处罚、停业整顿、吊销经营执照外，对负有安全生产监督管理职责部门的工作人员、企业负责人、直接主管人、直接责任人，构成犯罪的，一律依照刑法有关规定追究刑事责任。例如：

(1)监管部门工作人员对不符合法定安全生产条件的涉及安全生产的事项予以批准或者验收通过的；发现未依法取得批准、验收的单位擅自从事有关活动或者接到举报后不予取缔或者不依法予以处理的；对已经依法取得批准的单位不履行监督管理职责，发现其不再具备安全生产条件而不撤销原批准或者发现安全生产违法行为不予查处的；在监督检查中发现重大事故隐患，不依法及时处理的。负有安全生产监督管理职责的部门的工作人员有前款规定以外的滥用职权、玩忽职守、徇私舞弊行为构成犯罪的，依法追究刑事责任。

(2)承担安全评价、认证、检测、检验职责的机构租借资质、挂靠、出具虚假报告构成犯罪的，依法追究刑事责任。

(3)生产经营单位主要负责人或者个人经营的投资人不依照本法规定保证安全生产所必需的资金投入导致发生生产安全事故构成犯罪的，依法追究刑事责任。主要负责人未履行本法规定的安全生产管理职责导致发生生产安全事故构成犯罪的，依法追究刑事责任。生产经营单位的其他负责人和安全生产管理人员未履行本法规定的安全生产管理职责构成犯罪的，依法追究刑事责任。生产经营单位直接负责的主管人员和其他直接责任人员未履行本法规定造成安全事故发生构成犯罪的，依法追究刑事责任。生产经营单位未采取措施消除事故隐患，拒不执行监管部门责令立即消除或者限期消除，直接负责的主管人员和其他直接责任人员构成犯罪的，依法追究刑事责任。

(4)生产经营单位的从业人员不落实岗位安全责任，不服从管理，违反安全生产规章制度或者操作规程，造成重大损失构成犯罪的，依法追究刑事责任。

(5)未经依法批准，擅自生产、经营、运输、储存、使用危险物品或者处置废弃危险物品构成犯罪的，依法追究刑事责任。

(6)生产经营单位的主要负责人在本单位发生生产安全事故时，不立即组织抢救或者在事故调查处理期间擅离职守或者逃匿，对生产安全事故隐瞒不报、谎报或者迟报，构成犯罪的，依法追究刑事责任。

二 职业病防治法

(一)立法目的

《中华人民共和国职业病防治法》旨在预防、控制和消除职业病危害,防治职业病,建立用人单位负责、行政机关监管、行业自律、职工参与和社会监督的机制,实行分类管理、综合治理,从而保护劳动者健康及其相关权益,促进经济社会发展。

该法所称职业病,是指企业、事业单位和个体经济组织等用人单位的劳动者在职业活动中,因接触粉尘、放射性物质和其他有毒、有害因素而引起的疾病。职业病的分类和目录由国务院卫生行政部门会同国务院劳动保障行政部门制定、调整并公布。

该法的颁布实施是我国职业卫生领域的一件大事,关系到我国亿万劳动者的职业健康,极大地推动了我国职业卫生管理工作与国际接轨。

(二)主要内容

该法的基本方针是:预防为主,防治结合。主要内容如下。

1. 职业病防治的总体要求

职业病防治的总体要求包括职业病防治工作的方针和原则,以及对劳动者、用人单位、工会、各级政府、相关部门的总体要求。

2. 职业病的前期预防

职业病的前期预防包括源头控制和消除、职业病危害项目申报制度以及建设项目职业病危害的预防。

3. 劳动过程中的防护与管理

劳动过程中的防护与管理包括职业病防护、职业卫生技术服务、劳动合同的告知事项、职业卫生培训、劳动者的健康检查和监护档案、职业病危害事故应急救援、劳动者的职业卫生权利、工会组织的作用和其他保障措施。

4. 职业病诊断与职业病病人的保障

职业病诊断与职业病病人的保障包括职业病诊断的医疗卫生机构资质条件、职业病诊断需综合分析的因素、职业病诊断委员会专家构成、职业病病人待遇等。

5. 监督管理

监督管理包括卫生行政部门履行监督检查职责时可采取的措施、发生职业病危害事故时可采取的控制措施、不得发生的监管行为等。

6. 法律责任

法律责任包括建设单位、用人单位、向用人单位提供可能产生职业病危害的设备和材料的企业、职业卫生技术服务机构、职业病诊断鉴定委员会和各级人民政府及职业卫生监管部门的法律责任。

三　基本医疗卫生与健康促进法

（一）立法目的

《中华人民共和国基本医疗卫生与健康促进法》旨在发展医疗卫生与健康事业，保障公民享有基本医疗卫生服务，提高公民健康水平，推进健康中国建设。该法是卫生健康领域第一部基础性、综合性的法律，标志着我国卫生与健康事业发展理念从“以治病为中心”转向“以健康为中心”。

（二）主要内容

该法对国家、各级政府和用人单位的职业健康工作提出要求：

（1）国家要加强职业健康保护，鼓励用人单位开展职工健康指导工作，提倡用人单位为职工定期开展健康检查。

（2）县级以上人民政府应当制定职业病防治规划，建立健全职业健康工作机制，加强职业健康监督管理，提高职业病综合防治能力和水平。

（3）用人单位应当控制职业病危害因素，采取工程技术、个体防护和健康管理等综合治理措施，改善工作环境和劳动条件，积极组织职工开展健身活动，保护职工健康。

第七讲

劳动法规的内涵及劳动者权益的维护

7

本讲概述

劳动法规是调整劳动关系及与劳动关系密切联系的其他社会关系的法律规范总称。掌握基本的劳动法律知识是大学生知识体系完整性的基本要求，也能够为劳动者更好地从事职业劳动保驾护航。

学习目标

1. 了解劳动法规的基本概念和基本制度。
2. 掌握依法维护劳动者合法权益的基本程序和手段。

导入案例

切实保障新就业形态劳动者权益[①]

2023 年 5 月 26 日，人力资源和社会保障部、最高人民法院联合发布了新就业形态劳动争议典型案例，案例覆盖平台经济主要行业类型和常见用工方式，坚持"事实优先"的劳动关系认定原则，根据用工事实认定企业和劳动者的关系。

在此次发布的网约货车司机刘某案中，刘某通过某信息技术公司平台为平台用户提供货物运输服务。双方约定为民事关系，但刘某在实际提供运输服务过程中，每日在公司平台签到、接受平台派单，服务时长均在 8 小时以上，且需要遵守平台公司规定的具体服务流程。平台公司通过信息技术手段对刘某进行监督与管理，并统一安排刘某的工作任务，某信息技术公司与刘某已经形成了事实上的管理与被管理关系。劳动人事争议仲裁委员会认定刘某与某信息技术公司成立劳动关系。

---

① 魏哲哲. 人社部、最高法发布典型案例切实保障新就业形态劳动者权益[N]. 人民日报，2023-05-29(6).

模块一　劳动法规的内涵

劳动法以劳动关系为调整对象,以保护劳动者的合法权益和促进劳动关系和谐发展为立法宗旨,是各国法律体系的重要组成部分。

一　认识劳动法

(一)劳动法基本概念

劳动法的概念有广义和狭义之分,其中狭义的劳动法仅指一个国家的劳动法典,而广义的劳动法包括劳动法典和与劳动法典实施相配套的一系列劳动法规和规章。

在中国,狭义的劳动法即指由全国人民代表大会常务委员会于 1994 年 7 月 5 日审议通过的《中华人民共和国劳动法》(简称《劳动法》),自 1995 年 1 月 1 日起施行。广义的劳动法不仅包括《劳动法》,还包括宪法、其他法律、行政法规、部门规章、地方性法规和规章、部分国际劳工公约中的劳动规范,以及规范性的劳动法律、法规解释、国际惯例等。

(二)劳动法的主要特征

1. 兼具公法性和私法性

劳动法从民法中分离而来,自然与民法有着天然的联系。因此,私法的调整方法和基本原理对劳动法律制度的构建具有基础性的作用。但劳动法又突破了单一私法理念的束缚,私法自治、平等协商、等价有偿等私法原则在劳动法的适用中也引入了一系列公法理念和调整方法,如劳动基准的设置、解雇保护制度的建立、反就业歧视立法的推进等,使得劳动法成为兼具公法性和私法性的典型的社会法代表。

2. 兼顾劳动者与用人单位的利益

维护劳动者的合法权益是劳动法的立法宗旨。劳动法强调保护劳动者的合法权益是由劳动者的弱势地位决定的,劳动法要平衡两者间的不平等地位实现实质平等,则必然需要对劳动者进行倾斜保护,如劳动法关于最高工时的规定。

劳动法在倾斜保护劳动者合法权益的同时,也兼顾用人单位的利益。劳动法保护用人单位合法的用工管理权,对劳动者的义务亦进行明确的规定,如劳动者单方解除劳动合同的预先告知义务等。

3. 兼容实体法和程序法

一般而言,一部实体法会对应一部程序法。但劳动法是个例外,其本身既有实体性法律规范,也有程序性法律规范。《劳动法》第十章规定了劳动争议的解决程序和途径。当然,劳动法中单纯的程序法内容占比不大,大部分是实体法内容或者两者兼而有之,这是劳动法较为特殊的地方。

(三)劳动法的范围

根据《劳动法》第二条、《中华人民共和国劳动合同法》(简称《劳动合同法》)第二条以及《中华人民共和国劳动合同法实施条例》(简称《劳动合同法实施条例》)的规定,我国劳动法调整的劳动关系包括:

第一,企业、个体经济组织、民办非企业单位等组织与劳动者建立的劳动关系。

第二,国家机关、事业单位、社会团体与劳动者建立的劳动合同关系。公务员和依法参照执行公务员制度的劳动者的劳动关系则不归劳动法调整。

另外,农村务农人员、现役军人、家庭保姆等人员不属于劳动法的调整范围,而是由相对应的农业法、军事法、民法等调整。

(四)劳动法的体系建设

1. 促进就业制度

促进就业制度包括国家的劳动就业方针,政府为劳动者创造就业条件,提供就业服务,建立预防失业等方面的措施。

2. 劳动合同制度

劳动合同制度是规范劳动者与用人单位之间经协商达成的合同关系的法律制度。

3. 集体谈判和集体合同制度

集体谈判和集体合同制度是缓解劳资矛盾、构建和谐劳动关系的有效手段,是劳动法的重要组成部分。

4. 劳动基准制度

劳动基准制度是国家为保护劳动者权益而制定的有关劳动条件与劳动待遇的最低标准。

5. 社会保险制度

社会保险制度是为劳动者在年老、患病、工伤、失业、生育等情况下能够从国家和社会获得物质帮助和补偿的制度,是劳动者生活保障权的体现。

6. 劳动争议处理制度

劳动争议处理制度是协调劳动关系、解决劳动争议纠纷、维护劳动关系主体权益的重要途径。

7. 劳动监察制度

劳动监察制度是国家劳动监察机构对用人单位执行劳动法律、法规的情况,依法进行监督检查,以确保劳动法的贯彻实施的制度,是劳动争议解决的方式之一。

二 劳动法基本制度

劳动法包括工资制度、工作时间制度、休息休假制度和社会保险制度等。这些制度与每一个劳动者密切相关,是劳动者职业发展的基础性保障。

(一)工资制度

1. 劳动法中的工资

一般而言,劳动者从事职业劳动的主要目的是获取工资,所不同的是每个人的工资数额、构成和形式存在或多或少的差异。工资有广义和狭义之分。广义上的工资包括人们从事各种劳动而获得的货币或实物收入;狭义上的工资即劳动法中的工资,仅指用人单位依据劳动合同约定或国家法律规定,以法定货币的形式直接支付给劳动者本人的劳动报酬,一般包括基本工资、奖金、津贴、补贴、加班加点工资以及特殊情况下支付的工资等,但不包括支付给劳动者的保险福利费用和其他非劳动收入。

2. 工资的形式

工资形式主要包括计时工资和计件工资,辅助工资形式主要有奖金、津贴和补贴。

(1)计时工资。

计时工资是根据计时工资标准和工作时间支付给劳动者的工资,一般分为月工资标准、日工资标准和小时工资标准。在每天 8 小时工时制度下,日工资标准 = 月工资 ÷21.75 天,小时工资标准 = 日工资标准 ÷8 小时。劳动者出全勤,按月工资标准支付工资;劳动者缺勤或加班加点,按日工资标准或小时工资标准扣发或加发工资。

(2)计件工资。

计件工资不直接用劳动时间来计量劳动报酬,而是用一定时间内的劳动成果数量来计算,是对已做工作按计件单价支付的劳动报酬。

(3)奖金。

奖金是支付给劳动者的超额劳动报酬和增收节支的劳动报酬。奖金的种类繁多,主要有超产奖、质量奖、节约奖、安全奖和综合奖等。

(4)津贴。

津贴是为了补偿劳动者特殊或额外的劳动消耗而支付的劳动报酬,是一种经济补偿。

(5)补贴。

补贴是为了保障劳动者的工资水平不受特殊因素的影响而支付的劳动报酬,如为了保证劳动者工资水平不受物价上涨影响而支付的补贴。

3. 最低工资制度

最低工资是指劳动者在法定工作时间或依法签订的劳动合同约定的工作时间内提供了

正常劳动的前提下,用人单位依法应支付的最低劳动报酬。需要注意的是,最低工资的适用以劳动者提供正常劳动为前提,并且最低工资标准是政府制定的,劳动关系双方无权自行协商确定。

根据2004年1月印发的《最低工资规定》(劳动和社会保障部令第21号)要求:确定和调整月最低工资标准,应参考当地就业者及其赡养人口的最低生活费用、城镇居民消费价格指数、职工个人缴纳的社会保险费和住房公积金、职工平均工资、经济发展水平、就业状况等因素。

劳动合同和集体合同中约定的工资标准不得低于当地最低工资标准;劳动者依法享受带薪年休假、婚丧假、产假等国家规定的休假期间,以及法定工作时间内依法参加社会活动时,用人单位不得向劳动者支付低于当地最低工资标准的工资。

(二)工作时间制度

工作时间是劳动者为用人单位从事生产和工作的时间,是衡量每个劳动者的劳动贡献和给付报酬的计算单位。劳动法上的工作时间具有基准性,有法定的标准长度和最长限度。

1.标准工时制度

标准工时制度是指由国家法律规定的职工在正常情况下从事工作的时间的制度。我国的标准工时制度为劳动者每日工作时间不超过8小时,每周工作时间不超过40小时,用人单位必须保证劳动者每周至少24小时不间断的休息。任何单位和个人都不得擅自延长职工的工作时间。

2.特殊工时制度

特殊工时制度是特定工作岗位上的劳动者适用的工时制度。用人单位因工作性质或者生产特点的限制,如不能实行每日工作8小时、每周工作40小时标准工时制度,按照国家有关规定,可以实行其他工作和休息制度。常见的特殊工时制度主要包括不定时工时制度和综合计算工时制度等。

(1)不定时工作制度。

不定时工作制度的基本特点是劳动者每日没有固定工作时数的限制,可以长于或短于标准工作时间。不定时工作制度不受劳动法对于延长工作时间的限制,并且超过标准工作时间的部分不算延长工作时间,不用支付报酬,短于标准工作时间的,也不扣发劳动报酬。但这并不意味着法律对不定时工作时间毫无限制,一般而言,用人单位仍应以标准工作时间为依据,按照法定的审批手续报批后,在保障劳动者身体健康和听取劳动者意见的前提下,通过采用集中工作、集中休息、轮休调休、弹性工作时间等方式,兼顾生产任务的完成和劳动者休息权的实现。

(2)综合计算工时制度。

综合计算工时制度主要适用于工作性质特殊、需连续作业或受季节及自然条件限制的企业,其特殊之处在于以周、月、季或年为周期综合计算劳动者的工作时间。综合计算工时工作制下职工的平均月工作时间和周工作时间应与标准工作时间基本相同,超过法定标准工作时间部分视为加班时间,应支付职工加班工资。实行综合计算工时制度必须办理审批手续。

3. 延长工作时间

(1)延长工作时间的概念。

延长工作时间是指劳动者的工作时数超过法律规定的标准工作时间。延长工作时间包括加班和加点时间。加班是职工在法定节日或公休日工作。加点是职工在标准工作时间以外继续工作。需要注意的是,不定时工作制度下不存在加班加点,而在综合计算工时制度下周期内劳动者的实际工作时数超过该周期内标准工作时数时,超出的部分视为加点。

(2)延长工作时间的限制。

根据《劳动法》第四十一条规定,用人单位由于生产经营需要,经与工会和劳动者协商后可以延长工作时间,一般每日不得超过一小时;因特殊原因需要延长工作时间的,在保障劳动者身体健康的条件下延长工作时间每日不得超过三小时,但是每月不得超过三十六小时。

(3)延长工作时间的工资支付标准。

根据《劳动法》的规定,用人单位延长工作时间的,必须按以下标准支付高于劳动者正常工作时间工资的工资报酬:①标准工作日内安排劳动者延长工作时间的,支付不低于工资的150%的工资报酬;②休息日安排劳动者工作又不能安排补休的,支付不低于工资的200%的工资报酬;③法定休假日安排劳动者工作的,支付不低于工资的300%的工资报酬。

(三)休息休假制度

休息休假是指劳动者按法律规定不需要从事生产和工作,可自行支配的时间。

1. 法定节假日

法定节假日是劳动者用于欢度节日,开展纪念、庆祝活动的休息时间。根据《劳动法》第四十条及《全国年节及纪念日放假办法》的规定,用人单位在下列节日期间应当依法安排劳动者休假:元旦、春节、清明节、国际劳动节、端午节、中秋节、国庆节,共计11日。

2. 年休假

年休假是法律规定的职工满一定工作年限后,每年享有的带薪休假制度。具体的休假天数由工龄决定,累计工作已满1年不满10年的,年休假5天;已满10年不满20年的,年休假10天;已满20年的,年休假15天。用人单位确因工作需要不能安排职工休年休假的,经劳动者同意,可以不安排职工休年休假。对劳动者应休未休的年休假天数,单位应当按照劳动者日工资收入的300%支付年休假工资报酬。

3. 探亲假

探亲假是指与父母或配偶分居两地的职工,每年享有的与父母或配偶团聚的假期。我国探亲假的具体假期为:职工探望配偶的,每年给予一方探亲假一次,假期为30天。未婚职工探望父母,原则上每年给假一次,假期为20天。如果因为工作需要,用人单位当年不能给予假期，或者职工自愿两年探亲一次，可以两年给假一次，假期为45天。已婚职工探望父母的，每四年给假一次，假期为20天。

4. 产假

《劳动法》第六十二条规定，女职工生育享受不少于九十天的产假。从有利于女职工身体恢复和母乳喂养的角度，2012年4月发布的《女职工劳动保护特别规定》将生育产假假期延长至98天，其中产前可以休假15天；难产的，增加产假15天；生育多胞胎的，每多生育1个婴儿，增加产假15天。同时为保障流产女职工的权益，明确了流产产假，规定：怀孕未满4个月流产的，享受15天产假；怀孕满4个月流产的，享受42天产假。

（四）社会保险制度

1. 社会保险的概念

社会保险是国家通过立法建立的一种强制保险制度，目的是保障劳动者在年老、疾病、工伤、失业、生育等情况下依法从国家和社会获得物质帮助的权利。社会保险具有分散社会风险和消化损失的功能，通过社会保险能够使得劳动者在遭遇社会风险的情况下仍能继续维持基本生活水平，同时保障劳动力再生产和扩大再生产的正常运行，保证社会安定。中国的社会保险具有强制性，其保险范围、种类、标准、保险金的缴纳、发放都由法律明确规定，用人单位和劳动者不能够随意变更或放弃投保。

2. 社会保险的种类

（1）养老保险。

养老保险是为法定范围内的劳动者因年老而退出社会劳动后，提供能保障其基本生活且稳定可靠的经济来源的社会保险项目。我国养老保险由四部分组成，分别为基本养老保险、企业补充养老保险、个人储蓄性养老保险和商业养老保险。

职工应当参加基本养老保险，由用人单位和职工共同缴纳基本养老保险费。参加基本养老保险的个人，达到法定退休年龄时累计缴费满十五年的，按月领取基本养老金。

（2）医疗保险。

医疗保险是为法定范围内的劳动者在患病或非因工伤伤害时提供保障的社会保险项目。我国医疗保险由三部分组成，分别为基本医疗保险、补充医疗保险和商业医疗保险，其中补充医疗保险包括企业补充医疗保险、普惠型商业医疗保险。

职工应当参加职工基本医疗保险，由用人单位和职工按照国家规定共同缴纳基本医疗保险费。参加职工基本医疗保险的个人，达到法定退休年龄时累计缴费达到国家规定年限的，退休后不再缴纳基本医疗保险费，按照国家规定享受基本医疗保险待遇。

（3）工伤保险。

工伤保险是为法定范围内的劳动者因从事职业工作遭受伤害或患有与工作相关的职业病时，提供生活保障的社会保险项目。工伤的情形分为：应当认定为工伤的情形、视同工伤的情形。职工因下列情形之一导致本人在工作中伤亡的，不认定为工伤：①故意犯罪；②醉酒或者吸毒;③自残或者自杀;④法律、行政法规规定的其他情形。

职工应当参加工伤保险,由用人单位缴纳工伤保险费,职工不缴纳工伤保险费。职工因工作原因受到事故伤害或者患职业病,且经工伤认定的,享受工伤保险待遇;其中,经劳动能力鉴定丧失劳动能力的,享受伤残待遇。

(4)失业保险。

失业保险是对法定范围内的劳动者因失业而失去经济来源时,按法定时限和标准给予物质援助的社会保险项目。失业人员符合下列条件的,从失业保险基金中领取失业保险金:①失业前用人单位和本人已经缴纳失业保险费满一年的;②非因本人意愿中断就业的;③已经进行失业登记,并有求职要求的。

职工应当参加失业保险,由用人单位和职工按照国家规定共同缴纳失业保险费。失业人员失业前用人单位和本人累计缴费满 1 年不足 5 年的,领取失业保险金的期限最长为 12 个月;累计缴费满 5 年不足 10 年的,领取失业保险金的期限最长为 18 个月;累计缴费 10 年以上的,领取失业保险金的期限最长为 24 个月。

(5)生育保险。

生育保险是为法定范围内的女性劳动者因生育而导致收入暂时丧失而提供生活保障的社会保险项目。职工应当参加生育保险,由用人单位按照国家规定缴纳生育保险费,职工不缴纳生育保险费。生育保险待遇包括生育医疗费用和生育津贴。用人单位已经缴纳生育保险费的,其职工享受生育保险待遇;职工未就业配偶按照国家规定享受生育医疗费用待遇。

2019 年 3 月,《国务院办公厅关于全面推进生育保险和职工基本医疗保险合并实施的意见》(国办发〔2019〕10 号)印发,要求推进两项保险合并实施,实现参保同步登记、基金合并运行、征缴管理一致、监督管理统一、经办服务一体化。

模块二 如何维护劳动者的合法权益

劳动合同制度是劳动法的核心内容,是调整劳动关系的必备基础。同时,劳动合同是用人单位和劳动者发生劳动争议时最重要的证据。

一 劳动合同

(一)劳动合同签订

依据《劳动合同法》的规定,用人单位只要与劳动者建立劳动关系,就应当及时签订书面劳动合同,否则将承担相应的法律责任。具体而言,用人单位应当在用工之日起一个月内与劳动者签订书面劳动合同;超过一个月不满一年未与劳动者订立书面劳动合同的,应当向劳动者每月支付两倍的工资,并与劳动者补订书面劳动合同;满一年仍未与劳动者订立书面劳动合同的,将被视为自用工之日起满一年的当日已经与劳动者订立无固定期限劳动合同,同时仍应立即与劳动者补订书面劳动合同。需要注意的是,劳动关系自用人单位用工之日起开始建立,劳动关系的建立和劳动合同的签订没有直接的关系,只取决于劳动用工开始的时间。

劳动合同的期限分为固定期限、无固定期限和以完成一定工作任务为期限三种类型。根据《劳动合同法》第十四条规定,有下列情形之一,劳动者提出或者同意续订、订立劳动合同的,除劳动者提出订立固定期限劳动合同外,用人单位应当与劳动者订立无固定期限劳动合同。第一,劳动者在该用人单位连续工作满 10 年的;第二,用人单位初次实行劳动合同制度或者国有企业改制重新订立劳动合同时,劳动者在该用人单位连续工作满 10 年且距法定退休年龄不足 10 年的;第三,连续订立二次固定期限劳动合同,且劳动者不存在过错或不胜任工作的情形,续订劳动合同的。

(二)劳动合同变更

劳动合同变更是指在劳动合同履行过程中,当事人一方或双方对劳动合同的内容提出修改或补充,重新确立双方当事人权利义务的法律行为。劳动合同变更包括协商变更和法定变更。协商变更即双方当事人经过协商一致对劳动合同规定的某些内容进行修改。法定变更则是根据法律规定对劳动合同的主体和内容进行变更。

《劳动合同法》第三十三、三十四条指出,用人单位出现名称、法定代表人、主要负责人或者投资人等事项的变更,及发生合并或者分立等变化就是劳动合同的法定变更。在这些情形下,劳动合同的履行不发生变化,这既是为了维护劳动者的就业稳定,也是国际惯例。在法定变更之外,用人单位和劳动者都不能单方变更劳动合同的内容。实践中,经常有用人单位以拥有经营自主权为由,单方变更劳动者的工资、岗位、工作地点以及其他劳动待遇。这些变更如果事先未征得劳动者的同意则是违法行为,变更后的劳动合同无效。

(三)劳动合同解除和终止

劳动合同解除与劳动合同终止都导致劳动法律关系的结束,其区别在于两者发生的时间不同:前者发生在劳动合同有效期限届满或者履行完毕之前,而后者发生在劳动合同有效期限届满或者履行完毕之时。

经济补偿金是因不可归责于劳动者主观过错的原因解除或终止劳动合同时,用人单位按照法律规定支付给劳动者的生活补助费。目的是为劳动者在结束原有劳动关系寻找到新的工作之间提供一定的生活保障。

1. 经济补偿金的适用条件

根据《劳动合同法》第四十六条规定,有下列情形之一的,用人单位应当向劳动者支付经济补偿:①劳动者依照本法第三十八条规定解除劳动合同的;②用人单位依照本法第三十六条规定向劳动者提出解除劳动合同并与劳动者协商一致解除劳动合同的;③用人单位依照本法第四十条规定无过错性辞退劳动者的；④用人单位依照本法第四十一条第一款规定解除劳动合同的；⑤除用人单位维持或者提高劳动合同约定条件续订劳动合同，劳动者不同意续订的情形外，依照本法第四十四条第一项规定终止固定期限劳动合同的；⑥依照本法第四十四条第四项、第五项规定终止劳动合同的；⑦法律、行政法规规定的其他情形。

2. 经济补偿金的支付标准

按照《劳动合同法》的规定，经济补偿按劳动者在本单位工作的年限，每满 1 年支付 1 个月工资的标准向劳动者支付。6 个月以上不满 1 年的，按 1 年计算；不满 6 个月的，支付半个月工资的经济补偿。但当劳动者的月工资高于用人单位所在地上年度职工月平均工资 3 倍时，用人单位按照当地职工月平均工资 3 倍的数额支付经济补偿金，并且可计算年限最高不超过 12 年。

另外，《劳动合同法》还规定了赔偿金，用人单位在违反法律规定解除或者终止劳动合同时，应当按照经济补偿金标准的 2 倍向劳动者支付赔偿金。

二　劳动争议的处置

劳动者在工作中可能会遇到劳动纠纷或劳资争议，如果处理不当，会影响正常的工作和未来的职业发展。了解劳动争议处理机制，可以未雨绸缪，有备无患。

（一）劳动争议调解

劳动争议调解是法定的劳动争议调解组织基于中立第三方角色对争议当事人双方进行疏导、说服，促使双方在互谅互解的基础上达成调解协议的纠纷解决方式。

中国法定的劳动争议调解组织分为三级，包括企业劳动争议调解委员会，依法设立的基层人民调解组织，在乡镇、街道设立的具有劳动争议调解职能的组织。以上调解组织的建立改变了原来劳动争议调解组织和途径的单一化，为更多的社会调解机构依法参与劳动争议调解工作，充分发挥社会力量在解决劳动争议中的作用提供了途径。

达成调解协议后，一方当事人在协议约定期限内不履行调解协议的，另一方当事人可以依法申请仲裁。对于因支付拖欠工资报酬、工伤医疗费、经济补偿或者赔偿金事项达成的调解协议，如果用人单位不履行，劳动者可以依法向人民法院申请支付令。

（二）劳动争议仲裁

劳动争议仲裁是法律授权的仲裁机构根据法律的规定和当事人的申请，以第三者的身份，依法对劳动争议进行调解和裁决的法律制度。在中国，劳动仲裁是劳动争议诉讼的必经程序。

根据《中华人民共和国劳动争议调解仲裁法》第二条规定，劳动仲裁委员会应当受理下列发生在用人单位与劳动者之间的劳动争议：①因确认劳动关系发生的争议；②因订立、履行、变更、解除和终止劳动合同发生的争议;③因除名、辞退和辞职、离职发生的争议;④因工作时间、休息休假、社会保险、福利、培训以及劳动保护发生的争议;⑤因劳动报酬、工伤医疗费、经济补偿或者赔偿金等发生的争议;⑥法律、法规规定的其他劳动争议。

此外,根据《最高人民法院关于审理劳动争议案件适用法律问题的解释(一)》(法释〔2020〕26 号)第二条要求,下列纠纷不属于劳动争议:①劳动者请求社会保险经办机构发放社会保险金的纠纷;②劳动者与用人单位因住房制度改革产生的公有住房转让纠纷;③劳动者对劳动能力鉴定委员会的伤残等级鉴定结论或者对职业病诊断鉴定委员会的职业病诊断鉴定结论的异议纠纷;④家庭或者个人与家政服务人员之间的纠纷;⑤个体工匠与帮工、学徒之间的纠纷;⑥农村承包经营户与受雇人之间的纠纷。

(三)劳动争议诉讼

当事人对劳动仲裁裁决不服的,可以在法定时间内向人民法院提起诉讼。诉讼是保护劳动者合法权益的最后一道屏障,体现了司法最终救济原则。由于中国没有设立专门的劳动法院、劳动法庭,也没有劳动争议诉讼程序法,目前劳动争议诉讼适用《中华人民共和国民事诉讼法》规定的程序,实行两审终审制,并由各级人民法院的民事审判庭受理,程序上包括劳动争议案件的起诉、受理、调查取证、审判和执行等一系列诉讼程序。

根据《最高人民法院关于审理劳动争议案件适用法律问题的解释(一)》(法释〔2020〕26号)第四十四条规定,在劳动争议纠纷案件中,因用人单位作出的开除、除名、辞退、解除劳动合同、减少劳动报酬、计算劳动者工作年限等决定而发生的劳动争议,用人单位负举证责任。这就意味着,在这些劳动争议案件中,用人单位应当承担举证责任,如果用人单位提不出足够的证据证明其决定的合法性,则无须劳动者举证证明,用人单位将承担败诉的法律后果。需要注意的是,劳动者主张加班费时,应当对加班事实进行举证,但如果劳动者有证据证明这些证据是由用人单位管理掌握的,此时举证责任将发生倒置。

第八讲

未来劳动的主要形式及新型劳动关系

8

本讲概述

随着科学技术的不断进步，人们的生产和生活日新月异，许多新的业态和职业不断地涌现。我国也通过不断修订《中华人民共和国职业分类大典》，增补新兴职业，界定职业标准，从多方面保护劳动者权利。

学习目标

1. 了解新技术对未来劳动的冲击和影响。
2. 理解新型劳动者及劳动关系对就业的影响。
3. 掌握新业态、新职业的主要种类。
4. 运用新型劳动关系维护劳动者权益。

导入案例

“共享用工”，未来可期①

掌勺的做起了生鲜分拣，房地产销售送起了快递，酒店领班成为日化厂工人……疫情期间，不少劳动者来了一次“跨界”尝试，让“共享员工”成为网络热词。

“共享用工”这一“权宜之计”能否成为“长久之策”，引发热议。有人认为这只是特殊时期企业“抱团取暖”的临时措施，也有人认为这将推动人力资源供给领域的变革。客观来看，疫情结束后，一对一借调员工很难同时满足合作双方的用工需求。但正如一些业内人士所说，“共享用工”从广义上说就是一个人为多家单位服务。针对劳动力短缺问题以及企业非必要岗位、阶段性人才需求，“共享员工”仍然具有一定的发展空间。对于具备跨行业工作能力的劳动者，不妨给予更大的空间，使他们能够更加弹性地安排工作、创造

① 何娟.“共享用工”，未来可期[N].人民日报，2020-03-30(5).

更多财富。

面对经济社会发展的客观需求,灵活用工带来的劳动力互助、技能互补、智慧共享等优势,为不少企业提供了助力。推动这一新生事物健康成长,也将不断提高劳动力市场的灵活度和就业市场的稳定性,助力中国经济行稳致远。

模块一　未来劳动的时代背景

进入21世纪以来,随着“知识爆炸”“信息爆炸”的洪流,新技术如雨后春笋般井喷式涌现,新型劳动及劳动关系接踵而来,一个崭新的新时代已经到来。

一　新技术

顾名思义,新技术就是劳动生产中新的操作方法、新的运行模式、新的思维逻辑。这种技术上的新,一般认知是在原有科技、理念和模式上的创新,而当前所说的新技术却已大大突破了人们的传统认知,是人类生活模式成体系的革命性创新,是我们的前人难以想象的创新。

(一)新技术概念

新技术主要是指以移动互联网、云计算、大数据及物联网为基础的相关新技术应用,催生和构建了新零售、新金融、新能源,并正在酝酿催生新制造。

以新零售而言,当前各行各业都在探索,杰出成功者不断涌现,持续吸引大众眼球。新零售在本质上解决的是销售渠道的问题。不管新零售运用什么新技术,采用什么样的新模式,最终研究的是在物联网(IoT)时代如何以更高效的方式获取并沉淀客户,流量仍旧是其追求的主要目标。

新金融的互联网属性让贷款和理财变得如聊天一样简单。在网络上,财产对我们而言就是一些数字而已。由于供应链金融的存在,生产厂商或代理商不会因资金问题搁置生产及供应,消费者也能以提前消费的方式购买商品。从整体上来看,消费能力带动生产供应,由此消费这驾马车才能产生真正的经济效应。

新能源并非大众简单认知的绿色能源,实际与终端消费者的距离还很远,最多可能就是涉及用气以及充电等。那么新能源在根本上解决了什么问题呢?实际上解决的是企业运营环境的问题,没有能源企业无法正常生产,污染严重的能源被管制,所以只有合适的新能源才能保证企业的正常运营。而大数据、计算力这些新能源,是用来指导企业运营的。这些能源能够让制造效率更高,可以让企业更了解消费者,可以助力企业实现完全的个性化定制,可以让消费者真正成为企业的用户,还可以让销售变得更简单。而在制造领域,新能源已经成为关乎企业生死存亡的“大事件”。比如,治理生态环境,那些还在用煤、重油等进行生产的企业,都面临着被清理的命运。而改成天然气又会极大地提高成本,若企业本身盈利能力不强,也会面临死亡。因此,企业要避免破产就要在新能源上下功夫。风力、太阳能、地热能、空气能等能源使用得越多,就意味着企业的效率越高。而最突出的新能源其实是大数据,确切地说是处理大数据的能力,也就是某些厂商所谓的计算力。实际上人工智能很讲究算力,很多企业也都开始讲究算力。大数据作为新能源已成为企业不可或缺的重要资产,云计算、人工智能、区块链等新技术也在各大行业快速落地。

唯有新制造目前表现尚不够耀眼,这主要在于整个制造产业的落后程度与发展难度太大,很难像消费互联网一样超速发展。但在大数据已是生产资料、云计算已是生产力的今天,经过多年的技术沉淀及应用场景实践,互联网企业已经拥有足够的能力来改造制造业。新制造将会重新定义制造业,重新定义客户市场与供应链,重新定义所有的制造业和商业的运营及服务,也将开始一场新的技术革命。

新零售、新金融、新能源、新技术最终都要服务于新制造,新制造与其他四新并非并列关系,而是递进关系。未来每个制造型企业都要达到智能制造标准,这意味着每个企业都有大量的数据。如何处理这些数据,如何让这些数据为企业生产运营所用,将是每个企业都面临的问题。

新制造,从概念上来讲就是所谓的智能制造、工业 4.0 等。在海尔,新制造车间被命名为互联工厂。电子与家电企业的生产制造需要精密组装,所以这类工厂的设备很早之前就实现了互联。在这一波新制造革命中,富士康、海尔、格力、美的等企业都走在了前面,并且各自推出了工业互联网平台。

在新制造车间,你会发现大量的机器人、机械手臂有条不紊地工作着。这只是表面,内部其实有一系列的互联互通的技术、标准以及硬件在支撑。由此可知,新制造并不是因为新设备与新技术加持,而是一个系列的工程。事实上,现在每个实现智能制造的厂商,已经有了基于互联网的新生产规则,除了融入云计算、大数据等新技术,还将新零售及新金融都整合在了生产规则之中。消费者可以通过 App 在前端定制产品,钱不够的话可以先用白条付款,订单直接下到生产车间,生产出来的产品不入仓库而是直接交付给物流,物流在最短的时间内将产品送到消费者的手里。消费者如果是忠实会员可以充些钱在账户里,在此平台购物可以享受折扣或者用利息支付。正是因为每个新制造厂商都已发展成为一个工业互联网平台,更多的供应商加入平台,这些制造厂商就像阿里与腾讯一样,成为各行业的一地之主,未来做大之后单是服务收入就会是一个足够大的体量。

像这样的新制造厂商,说它是新零售、新金融都可以。在新的生产规则之下,制造型企业都探索出了新的商业模式。商业模式的改变,不是因为厂商的凭空设计,而是新制造的生产规则让这些企业必须做出改变。在这样一个相互融合的超级商业体中,由于制造、销售、金融、技术、能源熔于一炉,新制造厂商必然会打造出特有的新经济模式。在这种新模式下,企业前端后端一体化、生产销售整合化、金融消费融合化、整体运营媒体化,企业经营的所有环节都融为一个有机整体。所以,新制造的新并不在于机器人、3D 打印、VR 等这些新设备,也不在于这些设备之间的互联互通,而是在于新制造缔造出了新生产规则下的新模式。在新模式之下,未来每个新制造厂商都能衍生出自身的新工业生态,各行业的工业生态最终连接为一张硕大的工业互联网。

(二)新技术的主要特征

新技术主要有四大特征,分别为科学技术发展的综合化、科学技术发展的高速化、科学技术发展的计量化和“科学—技术—生产”一体化。

1. 科学技术发展的综合化

随着现代科学技术的发展,学科在高度分化的同时,出现了高度融合的趋势。自然科学与社会科学的互相渗透、互相融合,出现了如列宁所说的“自然科学奔向社会科学的强大潮流”,如电子计算机科学、遥感技术等已经渗透到考古、勘探的领域,探明古代地下遗址和地下宝藏的准确位置和容量。

2. 科学技术发展的高速化

新的科学技术革命的发展,可以说是“一日千里”“日新月异”。科学技术的新发现和新发明的数量增加极快。据联合国教科文组织的“世界科学情报系统”统计,科学知识每年的增长率,20 世纪 60 年代以来从 9.5% 增长到 10.6%,到 20 世纪 80 年代每年增长率已达到 12.5%。

3. 科学技术发展的计量化

所谓科学技术计量化,是指数学方法进入自然科学以至社会科学各门学科的研究领域,特别是被卓有成效地应用于一向被人认为与数学无关的领域,带来了整个科学技术的进一步数学化、形式化和公理化,使数学在认识世界和改造世界的实践中起着越来越重要的作用。

4. “科学—技术—生产”一体化

由于科学技术的发展,大量的新兴技术应用于生产,使生产科学化。因此,这一次新的科学技术革命与前两次相比,特点更加明显:从体力的解放到脑力的解放,从单项技术革命发展到多项技术和综合技术的革命。

新技术革命将对整个人类社会产生多方面的重大影响,如信息技术对改变整个人类社会的面貌起了重要的作用。计算机网络和信息高速公路的建立,将整个世界变成了地球村。新材料技术的每一次重大突破,将加速社会发展的进程;生物技术的进展,使人类获得了主动创造新生物和新生命的力量。

二 新技术革命催生新经济形成

新技术革命对经济的影响体现在两方面。一方面,新技术革命促进了社会生产力的发展。新技术革命通过对社会生产力各要素的变革，充分体现了科学技术是第一生产力。另一方面，新技术革命使产业结构发生了重大变化。建立在以上两个条件之上的经济运行方式、企业运行方式、职业类型、劳动者与雇佣者关系也发生了质的改变。

（一）新经济概念

“新经济”一词最早出现在美国1996年12月30日《商业周刊》的一篇文章中。其起源是对20世纪90年代，以美国为代表的发达经济体，在科技进步和全球化的基础上，实现“低失业、低通胀、长期高增长、高劳动生产率”的经济现象的刻画。由于新经济对不同群体、不同机构、不同国家具有不同含义，现阶段在国际上还没有形成一个国际通用、统一的新经济概念。

我国2016年政府工作报告中首次出现了“新经济”一词，紧随其后相关表述为“推动新技术、新产业、新业态加快发展，以体制机制创新促进分享经济发展，建设共享平台，做大高技术产业、现代服务业等新兴产业集群”。由此可知，我们将“新经济”的形态表述为“新技术、新产业和新业态”。

无论如何表述，新经济都是建立在信息技术革命和制度创新基础上的经济持续增长，与低通货膨胀率、低失业率并存，经济周期的阶段性特征明显淡化的一种新的经济现象。当今世界经济正以势不可挡的趋势朝着全球市场一体化、企业生存数字化、商业竞争国际化的方向发展。特别是以互联网、知识经济、高新技术为代表，以满足消费者的需求为核心的新经济发展迅速。

新经济的实质就是信息化与全球化，核心是高科技创新及由此带动的一系列其他领域的创新。促成新经济出现的现实环境是全球经济一体化。信息技术革命的推进，新经济的发展，必然会导致全球一体化进程的加快。新经济是人类经济发展史中前所未有的科技型、创新型经济。

（二）新经济主要特征

新经济的基本特征是高技术化和全球化，新经济是一种历史的进步，是基于知识经济的全球化经济。与传统经济相比，新经济有5个明显不同的特征：①经济主体交往不同，新经济趋向全球一体化；②交换方式不同，它以电子商务为主要交换手段；③生产方式不同，它以集约型为主；④增长动力不同，它以高科技、信息为增长原动力；⑤资源是共享的，它对人类供给是无限的。新经济是以现代科学技术为核心，建立在知识和信息的生产、分配和使用之上的经济。

就中国经济来说，它已进入由高速增长阶段转向高质量发展、由粗放型发展转向集约型发展、由传统经济的规模发展转向新型经济技术发展的新时代。随着国民经济出现结构性调整，传统经济中重工业、房地产等相关行业领域的发展出现明显放缓的趋势，而包括服务业和高新技术行业等在内的新经济发展则彰显出强劲和持续的动力。这也是国家进入新经济时代的典型标志。

三 新技术革命催生新业态形成

(一)新业态概念

伴随新技术、新经济而产生的新职业、新行业统称为新业态。随着科学技术的不断进步,人们的生产和生活日新月异,产生了许多新的业态和职业。

(二)新业态的主要特点

新业态具有三个特点,具体内容如下:

(1)新业态中的职业逐渐被认可。随着经济发展,新的工作类型在这几次职业信息更新中被正式认可,如网约配送员、健康照护师、呼吸治疗师、出生缺陷防控咨询师、康复辅助技术咨询师、在线学习服务师、社群健康助理员、公司金融顾问、二手车经纪人、汽车救援员、食品安全管理师等均属此类情况。

(2)科学技术带动传统职业进一步发展。随着人工智能技术的快速发展,工业机器人的使用比例大幅增加,与之相关的操作员和维护人员逐渐成为现代化工厂的必备人员。与之类似,随着无人机和3D打印技术的广泛应用,相应的驾驶员和操作员也在逐渐增加,未来这些职业的需求量还会继续增加。

(3)技术进步推动新型高技术职业产生。随着大数据技术、人工智能技术等高科技领域投入持续加大,相关技术在商业化过程中被快速推广,企业对相应的专业高技术人才的需求量大幅增加,大数据人工智能、云计算等方面的技术人员开始出现,对应的新型职业应运而生。与普通的技术操作员相比,这类人员对专业知识有非常深入的研究,在理论基础和实践操作方面都有深厚的专业技术能力。

随着时代的发展和技术的进步,新型职业不断涌现,未来各种职业势必会对从业者的知识水平和专业技能提出更高的要求。因此,新型职业教育体系和劳动教育体系的建立必然会成为社会长远发展的重要保障。

模块二　新职业和新型劳动关系

伴随新经济的到来,社会出现新职业及相应的新型劳动关系已不可避免。这就需要劳动者适时转变传统就业观点,适应新型劳动关系,否则,可能会因不适应而被社会所淘汰。

一 新职业

新职业是指经济社会发展中已经存在一定规模的从业人员，具有相对独立成熟的职业技能，《中华人民共和国职业分类大典》中未收录的职业。

(一)主要新型职业

人力资源和社会保障部办公厅、国家市场监督管理总局办公厅、国家统计局办公室，自2019年以来先后4次联合发布有关通知，共确定了56个新型职业信息，如项目数据分析师、云计算工程师、网络媒体编辑、电子商务工程师、动画设计师、密室剧本设计师、线上餐厅装修师、民宿房东、整屋设计师、外卖运营规划师、STEM创客指导师、酒店收益管理师、职业规划师、理财规划师、宠物摄影师、宠物医生、宠物训练师、旅拍策划师、酒吧聚会达人、酒店试睡员、美食试吃员、网络写手、网络主播、网游陪练、电竞顾问、整体造型师、健身教练、植发医生、整形医生、美甲美睫师、产后恢复师、育婴师、头皮养护师、收纳师、CS教练、轰趴管家、调酒师、侍水/茶/酒师、同声传译、无人机飞手、非遗菜系传承人、快递员等。

即便如此，新职业仍不断涌现。至2021年3月，人力资源和社会保障部会同国家市场监督管理总局、国家统计局向社会正式发布了集成电路工程技术人员、企业合规师、公司金融顾问、易货师、二手车经纪人、汽车救援员、食品安全管理师、服务机器人应用技术员、电子数据取证分析师、职业培训师、密码技术应用员、建筑幕墙设计师、碳排放管理员、管廊运维员、酒体设计师、智能硬件装调员、工业视觉系统运维员等新职业信息。随着科技的进步及其给人类社会生活带来日新月异的新变化，新业态、新职业必将层出不穷。

(二)可能被替代的职业

在新技术的巨大冲击下，未来将有许多传统职业被替代而在历史中消失。仅人工智能在各个方向的发展就已对相关传统职业形成了直接冲击。2013年牛津大学一位研究者发布的论文显示，未来将有700多种职业都有被机器替代的可能性。

目前来看，未来将会被人工智能(AI)取代的典型职业如下：

(1)驾驶员。再过一两年时间，AI无人驾驶汽车比人类驾驶汽车安全得多。届时，出租车、货车、公交车驾驶员将会失业，让位于自动驾驶汽车。

(2)普通医生。AI拥有的数据是无限的，通过大数据的采集，可以记录世界所有疾病。由于普通医生的知识能力是有限的，所以在未来普通医生必将被AI取代，面临转行或者专攻术业两条道路的选择。

(3)部分教育行业从业人员。AI能够系统性地替代老师完成阅卷、评分、设计课程等重复性工作，而老师会将更多时间花在个性化的创造性的教学思考和学生身上。

(4)服务业等从业人员。技工、建筑工人、裁缝、快递员、抄表员、收银员、保安和洗碗工这些重复简单性职业必然会被 AI 取代。

也就是说,重复性、不需要太多思维、简单处理信息或者是有章可循的工作都将会被 AI 取代。

相比人类,机器欠缺原创能力、互动能力和谈判能力,所以那些较为复杂的工作则不容易被取代,如律师、记者、警察、艺术家等。

面对人工智能将在未来大规模投放,不少人已经开始担心它会全面取代人类。但这个担心是没有必要的。淘汰是社会进步的一个过程,历史上几次工业革命,大批职业被淘汰,但还有新的职业诞生。

(三)灵活就业模式

灵活就业是相对于固定就业而言的,是指在劳动时间、收入报酬、工作场所、保险福利、劳动关系等方面不同于建立在现代企业制度基础上的各种形式的就业形态,是非签约就业的一种形式。

灵活就业人员是指以非全日制、临时性和弹性工作等灵活形式就业的人员,包括在各级档案寄存机构寄存档案的与用人单位解除或终止劳动关系的失业人员、辞职人员、自谋职业人员,档案寄存期间经劳动人事部门批准退休人员,已办理就业失业登记的未就业人员,从事个体劳动的人员,个体经济组织业主及其从业人员。通俗来说,灵活就业人员就是自由职业者,如律师、自由撰稿人、歌手、模特、技术小工等,其工作方式自由灵活。

当前,我国灵活就业主要有以下六种模式:

(1)劳务派遣。公司主营项目的生产运营委托第三方公司开展,根据团队中的部分工作岗位具有辅助性的特点,对该部分岗位采取劳务派遣方式。

(2)非全日制。为了保障驻派员工生活,公司专门设立饭堂制作工作餐,但是因为驻派员工只有 20 多名,2 名饭堂工作人员每日工作半天就可以完成所需三餐制作。这种情况下,公司就可以采用非全日制的用工方式。

(3)实习生。为了有针对性地培养有技术的制冷工、电工或者钳工等生产一线后备员工,公司与本地的几所知名技校建立合作关系,提前半年时间安排优秀学生到公司实习,对实习期满通过双向选择的学生,次日办理正式用工。

(4)兼职。对于部分零星、简单的工作,可以通过联系高校的学生处、团委,组织学生到公司从事勤工助学。

(5)退休返聘。因为某种原因需要经验丰富的专业人才,而这类人才大部分集中在相近行业的退休人员中,公司可以采用退休返聘的方式,聘请合适的退休人员。

(6)业务外包。业务外包也称资源外包、资源外置,是指企业整合利用其外部最优秀的专业化资源,从而达到降低成本、提高效率、充分发挥自身核心竞争力和增强企业对环境的迅速应变能力的一种管理模式。

二 新职业、新业态催生新型劳动关系的建立

新技术带来新业态,新业态形成新型劳动关系。简单来说,就是在互联网+业态下会形成一种与传统劳动关系有别的劳动关系,如网络主播、网约车驾驶员、外卖小哥等与雇主之间的关系等。

(一)新型劳动关系的特征

新型劳动关系主要有五个特征,具体内容如下:

(1)劳动关系主体之间既具有法律上的平等性,又具有客观上的隶属性。劳动关系主体双方在法律面前享有平等的权利,即劳动者向用人单位提供劳动或服务,用人单位向劳动者支付劳动报酬,双方在平等自愿的基础上建立劳动关系。同时,劳动者作为用人单位的成员,在实现劳动过程中应当遵守用人单位的规章制度,服从用人单位的管理,双方形成领导与被领导的隶属关系。

(2)劳动关系产生于劳动过程之中。劳动者只有与用人单位提供的生产资料相结合在实现劳动过程中才能与用人单位产生劳动关系,没有劳动过程便不可能形成劳动关系。

(3)劳动者与用人单位间的劳动关系具有排他性。劳动关系只能产生于劳动者与用人单位之间,劳动者与其他社会主体之间发生的社会关系不能称为劳动关系。同时,作为自然人的劳动者,在同一时间只能与一个用人单位签订劳动合同、建立劳动关系。任何劳动者都不能与两个用人单位同时签订劳动合同、建立劳动关系;任何两个用人单位也不得同时与一个劳动者签订劳动合同、建立劳动关系。至于现实社会中存在的灵活就业者,如作家、自由撰稿人、小时工等,则可以和不同的用人单位建立劳动关系。

(4)劳动关系的存在以劳动为目的。用人单位与劳动者建立劳动关系,是为了实现劳动过程,为社会生产或社会产品提供服务。劳动者的劳动成果归属于用人单位。也就是说,劳动者是在用人单位组织指挥下,为了最终实现用人单位的利益而劳动的。相应地,用人单位必须为劳动者实施劳动行为提供有利条件和物质保障,并向劳动者支付合理的报酬。

(5)劳动关系具有国家意志和当事人意志相结合的双重属性。劳动关系是依据劳动法律规范规定和劳动合同约定形成的,既体现了国家意志,又体现了双方当事人的共同意志。我国劳动合同法对用人单位和劳动者的权利、义务做了明确的规定,体现了国家对劳动关系的强制干预性质。同时,当事人双方对劳动关系的具体事项可以在平等自愿的基础上自由约定,体现契约自由的本质属性。

(二)新型劳动关系的风险

"互联网+"时代,劳动者和用人单位建立的新型劳动关系明显存在一些法律问题,以致许多灵活就业人员或用人单位已为此付出了重大代价。

目前已知的风险主要有以下几种情形:

(1)自由职业者在提供服务过程中受伤的,有可能会认定与互联网平台、管理公司存在劳动关系,进而要求互联网平台或者管理公司承担相应的法律责任;反之,用人单位可能会拒绝承担相应责任,甚至拒绝与劳动者签约或在约定中明确回避单位责任。

(2)自由职业者可能会要求互联网平台或者管理公司为其缴纳社会保险和住房公积金;反之,用人单位可能会拒绝提供或在约定中明确拒绝上述要求。

(3)自由职业者提供服务的时间超出了法律规定的每周40小时,或周末上班,或法定节假日上班,都可能会产生加班工资的争议。

通常情况下,自由职业者所获得的报酬都是按照每单服务提成的方式,由互联网平台、管理公司根据消费者消费金额的一定比例支付给自由职业者。但服务提成比例,如何能有效激励自由职业者多接单,与互联网平台、管理公司实现共赢,如何能保证服务质量,如何能维护企业良好的声誉,是互联网平台、管理公司面临的重要问题。

此外,关于自由职业者要求管理公司支付未休年休假工资问题、自由职业者提供服务过程中对接受服务者造成伤害由谁赔偿问题等,也是互联网平台和管理公司面临的法律风险。

参 考 文 献

[1] 党印. 职业与劳动——大学生劳动教育十讲[M]. 北京:人民交通出版社股份有限公司,2021.
[2] 李珂. 劳模精神[M]. 北京:中共党史出版社,2020.
[3] 刘向兵. 劳动通论[M]. 北京:高等教育出版社,2020.
[4] 党印. 新时代劳动教育100问[M]. 北京:中国人民大学出版社,2021.